後継者

日本個性學研究所
石井憲正
Norimasa Ishii

CROSSMEDIA PUBLISHING

はじめに

３大カリスマ創業者が備えるべき「視点」

2022年9月、ニデック（旧日本電産）の後継者候補の筆頭、関潤氏の退任が発表されました。

「ああ、またしても。何度同じことを繰り返すのだろう……。企業の後継者選びには法則があるということを、永守さんはご存じないのだろうか」

このニュースが発端となって、私は本書の執筆を決心しました。

現在、我が国には３人のカリスマ創業者が存在します。

それはニデック（旧日本電産）の永守重信氏、ファーストリテイリングの柳井正氏、そしてソフトバンクグループの孫正義氏です。

2023年12月の時点で、３社ともグループの「後継者」と呼ぶべき人事は決まっていない状態です。

創業者たちはこれまで何度かグループの後継者選びを試みましたが、現在、いずれの会社においてもその意思は全うされていません。

いったいそれはなぜでしょうか？　私はそこに、ある視点が欠けているのではないかと思います。

それは、人が生まれながらに備えている「個性」の視点です。

チーム作り、企業経営、組織経営……。それぞれ核となるのは「人間」です。多様な個性を持った人間の全てが、一企業の成長戦略にコミットし、組織から提示された指標に沿い、経営者の思い通りに行動できるものとは限りません。

この世に生を受けた際に備わった個性を尊重し、経営者と後継者の最も理想的な個性の組み合わせを考える。その視点があってこそ、企業の事業継承は成功するのではないでしょうか。

本書は新しい人間学、新しい経営学の提案の書です。

ニデック、ファーストリテイリング、ソフトバンクグループ。この3社の経営トップが「後継者」を決定する際に、重要な判断のヒントを提供したい――。私はその意志を持って本書を書きました。それはまた、事業継承の問題に悩む日本の全ての経営者に向けたメッセージでもあります。

僭越ではありますが、私の提案を参考にして後継者問題を考えていただければ、難航している後継者選びの道は必ず開けると自負しています。

個性學は新しい経営学

「もっと早く知っていればよかった」

これは、個性學を学んだ多くの経営者が私に漏らした言葉です。

私は約半世紀の時間をかけて、企業が自らの将来に必要な人材を見つけ、繁栄していくための方法を希求してきました。

そして1989年12月、私は生年月日によって人の個性を認識する法則を発見したのです。人材を見出し、適所に配置し、成長を促すチームを作るために役立つこの法則を個性學と名付け、それを理論化し、システム化し、活用しつつ、科学的アプローチによる検証作業を続けました。

個性學の誕生から今年で34年が経ちましたが、いまだにこの学問は科学的なアプローチとして認識されていません。しかしながら、ビジネスの現場でセミナーやカウンセリングを実践し、多くの経営者やビジネスパーソンの人生を変えてきたこと、加えて皆様から絶大な支持を得ているその経験から、私はこの学問が企業経営に有益なものであると確信しています。個性學は人間学・実践学として、一歩一歩着実に成長し続けているのです。

個性學は以下の三つの概念をもとに、人と組織に対する新しい視点を提供します。

・天分の概念
・トキの概念
・相性の概念

また、個性學は以下の観点から、企業の新しい採用の方程式として活用することができます。

・成長性、将来性をはらんだ「資質」という観点からの採用
・学力、能力からは推し量れない「性格（資質）」という観点からの採用

　そして個性學は、以下の理論をもとに経営に活かすことができます。

・天分経営理論
・個性経営理論

　企業で働く人々、そして企業経営者、全ての人が輝くための新しい経営学、それが個性學です。

　本書を起点に学術研究者、経済研究所、そして若き意欲的な経営者たちが参集し、「人」の経営について議論を戦わせることになれば幸いです。血の通った人間について理解することは、そもそもAIが不得手な領域です。AIが判断する80点主義の経営ではなく、50点であっても心からワクワクする、血の通った人間の新しい経営学が誕生することを期待しています。

　最後に、本書の執筆に当たって、当社のシステム開発とデータ収集と作成を担当した瀬木達裕（内面：配慮型－外面：挑戦型）、データの整理とグラフ化を担当した内山智恵（内面：悠然型－外面：実益型）、文章の整理・校閲を担当した嶋田尚子（内面：配慮型－外面：配慮型）、各氏とも多忙な中で作業していただき心から感謝申し上げます。

　今まで個性學を支えていただいた全てのメンバーにこの本を贈ります。そしてこの本を手に取った方が、また多くの人に伝えていただければ望外の喜びです。

2023年12月1日
神奈川県逗子市にて
石井憲正（内面：自然型－外面：実績型）

（おことわり）

・本書は個性學の理論を持って考察した、私独自の見解による作品であることをご理解の上でお読みいただければ幸甚です。

・個性學理論の詳細および各分類の解説について、本書では最小限にとどめています。理由としては紙面の都合があること、そしてまた文章のみで個性學を理解することが感覚的に困難であるためです。個性學を体得する近道は、座学やワークショップを経験していただくことです。日本個性學研究所が開催する対面式セミナーの受講をおすすめしています。

・個性學は生年月日をもとに人の個性を研究する学問ですが、本書では特定の人物についての個人情報を掲載することを控えています。日本個性學研究所の分析データとその研究結果をご提供することにより、本書の目的は達せられるものと考えています。

〈本文中の「個性」の表記について〉
一部を除き（内面：3分類・12分類－外面：3分類・12分類）の順番です。また、本文中に○○型と出てくる場合、特に表記のない限り内面の12分類を指しています。

『後継者』 目次

第 1 章 個性學とは何か

第 2 章 カリスマ創業者3人の後継者問題を考える

第3章　私が経験した後継者問題 10事例

第**8**章　個性學を経営に活かす

番外編　個性學がわかる10のコラム

装　丁／城 匡史（cmD）

本文デザイン・DTP／伊延あづさ（アスラン編集スタジオ）

第1章

個性學とは
何か

1 │ 個性學 二つの法則

　個性學は 1989 年 12 月に本書の著者である石井憲正が創始した理論です。

　その後、個性學理論を経営に活かす天分経営理論の体系を完成し、普及活動をしながら、さらなる研鑽を積み深化・進化させてきました。そしてそこから 34 年間、この天分経営理論をもとに、延べ 3,600 社を超える企業の盛衰を観てきました。

　これから、個性學について解説していきますが、まずその前に観音遊びの開発について触れておきます。

　この観音遊びが、その次に紹介するムスビの法則の発見に大きな影響を与えているためです。

○観音遊び

　同音異義語は一つの言葉の音（オン）に、いくつもの意味がある言葉です。日本語はそれを様々な漢字で表現します。例えば「アイ」には愛・始・合・会い・哀・遭い・藍など、たくさんの漢字が当てはめられます。

　私はこの事実に注目し、次のことに気づきました。日本人は会話の中で無意識に一つ一つの単語（音）を漢字に置き換え、相手の言葉を理解し、コミュニケーションを取っているのです。

　例えば人は同音異義語の中から、「私はあなたにアイタイ」「私はあなたをアイシテイル」の「アイ」の部分に、それぞれ「会い」と「愛」を直感的に選んで会話を理解しています。

　私は同音異義語で音（オン）の意味を直感的に考える遊びを「観音遊び」と名付け、様々な言葉に漢字を当てはめて、私なりの「宇宙」を楽しんでいました。1989 年夏ごろのことです。

　その意味は「音（オン）で宇宙を観ずる遊び」です。宇宙に存在するほとんど全てのものは、たとえカタチになっていなくても、音さえ人の耳に聞こえれば言葉によって名付けられています。よって、私たちは宇宙で起きている過去・現在の様々な事象を言葉で理解することができ、また他人に伝える

こともできます。

　音（オン）と自由な発想で漢字に置き換えることで、既成概念を取り払い、思いのままに思想を巡らし言葉で遊ぶ、すなわち「枠を超える発想」と言うこともできます。

　そして、この観音遊びを続けることによって、私は次に紹介する「ムスビの法則」に出合ったのです。

　それではこれから、個性學について解説していきましょう。

　個性學は以下の二つの法則によって支えられています。

・**ムスビの法則**
・**シバ神の法則（永遠に進歩し続けるための法則）**

1 ムスビの法則

「人間の個性は３種類（３分類）存在する」
「３分類の発見は日本語がベースになっている」

　これが個性學の主張です。

　日本語の返事には「はい・いいえ・まあまあ」の３種類、英語圏は「YES・NO」の２種類です。私は「はい・いいえ・まあまあ」を三角形の頂点に配してみました。そして、改めてこの三角形を観たとき「このカタチはおむすび、つまり日本人の基本形だ」と直感で理解しました。この三つの分類こそ、日本人の個性を形作る基本的な要素である、という結論に至ったのです。

　そしてまた、私は1985年前後から日本語が備える特殊性、とりわけ同音異義語と漢字と日本文化の関係に惹かれて、様々な方々にお会いするようになりました。不思議なもので、そうした要素を求めているうち、有名無名にかかわらず、私の思考に重要な意味や影響を与えるような方々に次々と出会うことができたのです。

　日本語についての考察を深めるうち、私は「観音遊び」「ムスビの法則」を見出しました。

○ムスビの法則との出合い

「はい・いいえ・まあまあ」が形作る三角形を、私がおむすびに置き換えたことはすでに述べました。そして「観音遊び」によって、それを「お結び」と漢字に書き替えました。さらには「結び・産び・蒸すび・産霊」などの漢字を当てはめてそれぞれ意味を調べ、考えを深めました。

そしてある日、驚くべき発見をしたのです。

・「ムスビ」と「まあまあ」

「はい・いいえ・まあまあ」のうちで、「はい」と「いいえ」がお互いを否定して一歩も譲らないのに対して、「まあまあ」はどちらの意見も否定せず肯定もしません。

これは「スゴイ」ことなのです！

「まあまあ」が加わったとたんに「はい・いいえ・まあまあ」の3者ともお互いを否定しなくなる。いや、否定しないだけではなく、共に認め合うようになる。これは「新たな歩みを進める考え方」であり、私は世界に類のない哲学を備えた素晴らしい言葉だと思いました。

「まあまあ」とは、まさに「結び」という概念を表す言葉そのものでした。そしてまた「結び」は、いくつかのものを一つにしますが、すなわちそれは「和」という概念そのものです。「和」は「平和」を示唆する言葉であり、日本文化を象徴する言葉なのです。

そして、「おむすび」は日本人が大好きな食べ物で、コンビニで最も売れている商品の一つです。

日本文化を支えた食べ物は、「おにぎり」でなく「おむすび」なのです。

・「産び」「蒸すび」「産霊」

ムスビに当てはまる漢字をさらに見ていきましょう。

「産び」は「新しいものを生産する働き」という意味を含んでいます。生産するという言葉の意味は、今よりも進歩、発展させた製品を作ることですから、進歩、発展の働きにつながります。

次に「蒸すび」です。「蒸す」とは食材を蒸すことです。加熱調理の一つで、水蒸気を利用して食材を柔らかくしたり、調理したりする方法です。蒸し料

理は、栄養が逃げにくく、食材の風味や色合いを保持しやすいのが特徴です。今あるものに一手を加え、より価値の高いものを創造する働きと解釈できます。

　そして「産霊」は「天地万物を産み成す霊妙な神霊」と『広辞苑 第七版』にあります。すなわちムスビなくしては生命の誕生も新しい創造も進歩もないという言葉です。

○全てを肯定する平和のシンボル

　ムスビの法則は「はい・いいえ・まあまあ」それぞれを否定せず、そのまま認める法則です。従って、個性學は全てを否定することなく全てをそのまま認め肯定します。なぜなら異質を否定すれば、そこには必ず争いが始まり、ひどい場合には破壊が起こり、その行く先は戦争です。

　戦争を起こさない平和のシンボル、私はそれが「ムスビ」という言葉に込められていると思うのです。私は世界に稀有な日本文化はこのムスビが淵源だと考えています。

　そして実は、進歩のためには「破壊」という働きも必要になります。詳しくは次の「シバ神の法則」でご説明しますが、その際にも異質な３種類の個性は必要となるのです。

　人はことを成した後、一定の時間を経て停滞が始まります。そんなときには破壊によって、さらに高みを目指して変革するためのエネルギーが生まれます。ムスビだけでなく、破壊もまた根源のエネルギー「産霊」がもととなった日本独特の考え方なのです。

② シバ神の法則

　私は1990年１月にネパールへ行きました。これは個性學の開発のためにご指導いただいた本田常二郎先生（個性學理論において根本の道標をいただいた私の師）のお導きによるものでした。そして、その際にネパールで出会った神が「シバ神」です。

　シバ神はネパールでは宇宙最強の神であり、万能の神と崇められていました。万能とは「維持・破壊・創造」の三つの能力です。当時の私にとって神

様と破壊の能力は結びつくものと解釈できず、意味不明のまま、その後10年が過ぎていました。

　そして2000年になり、広島に原爆が投下された同じ8月6日、私は東京国際フォーラムでセミナーを開催しました。セミナーを前にして「原爆」と「広島の破壊」それぞれの関係について考察していたとき、私はようやくシバ神の破壊の意味を理解することができました。

　誤解を恐れず言えば、「破壊があるから創造と建設が始まる」ということです。気づいてみれば当たり前のことでしたが、私は「神様が破壊するわけがない」という思いからシバ神の教えにたどり着けず、迷路に陥っていたのです。そして、この日についに「進歩、発展は破壊なくしてあり得ない」と気づいたのです。

　個性學と破壊に、何の関係があるのか。ネパールに行った当時の私は「破壊」をそれほど重要なものだとは思っていませんでした。本田先生は、そんな私に「破壊」の本質、重要性を心底理解させるためにネパール行きをおすすめくださったのでした。

○「破壊」を経ることで、今までにない創造物が生み出される

　さて、個性學の基本である3分類（人志向・城志向・大物志向）は、それぞれ全く異なる性質を持っています。詳しくは後述しますが、通常、人志向は城志向と大物志向を受け入れることが難しく、ひどいときは反発し、否定し合う結果になります。それは城志向にとっての大物志向と人志向、大物志向にとっての人志向と城志向も同様です。

　それらの反発は、「破壊」以外の何物でもありません。しかし、よくよく考えてみると、人志向、城志向、大物志向はそれぞれ独自の意見を備えているに過ぎません。議論において互いの視点や思いが強く出てくるのは当然であり、そのように異なった物の見方、考え方によって、異質な発想や斬新なアイデアは生まれます。

　ですから私は、人間は反発、つまり「破壊」を経ることによって、今までにない創造物が生み出される、という事実を悟ったのです。この関係は、人間がいる限り永遠に続くでしょう。異質な3分類が存在することで互いに反

発し合う、否定し合う。そうして「破壊」し合うことによって、社会は停滞することなく永遠に発展し続けるのですから。

　私はこうして、人志向・城志向・大物志向という三つの個性が、人類が永遠に進歩し続けるための神の大いなる計らいであることに気づきました。そしてそれは、私にとって個性學の体系を完成させるための最後のピースでした。

　3分類は、ときに認め合い、助け合い、ときに否定し合い、ときに破壊し合うために存在し、事態のマンネリ化を防ぎ、進歩、発展を引き出すエンジンにもなっていたのです。

　私はかつて「ムスビの法則」を発見しましたが、それだけでは人類、つまり組織や企業は安定するものの、様々な厳しさを乗り越えて永遠に進歩し続けることは難しいということに気が付きました。やはり、新陳代謝としての破壊、つまり「シバ神の法則」が不可欠だったのです。

　この二つの法則は本田常二郎先生との出会いによって誕生したのですが、本田先生はこれらのことを全てわかった上で、私に教えるのではなく自ら気づかせ、その理由を自ら解かせるための深謀遠慮からの導きだったことを知り、師の思いやりと慧眼に深く感謝したのです。

2 個性學の分類

1 個性の定義

個性學では個性を以下のように定義しています。

＜個性學における個性の定義と体系＞

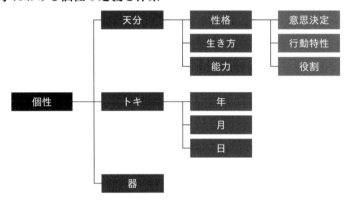

人間の意思決定、行動特性、役割は、天分・トキ・器で決まります。

- 天分 ⋯⋯ 花の種（種が桜であれば一生桜であり、梅の花は一生咲かない）のように生涯変化しない特性、生得的な性格・能力・役割など（生年月日でわかるもの）
- トキ ⋯⋯ 季節のように全ての人が周期的に同じ経験をすること（生年月日でわかるもの）
- 器⋯⋯⋯⋯ 遺伝、環境、努力、経験などによって変化するもの（個性學でわからないもの）

　個性の分類は仕事の適性を知るために誕生した分類であり、意思決定、行動特性、役割を類型化しています。

　人にはそれぞれ、3、2、4、6、12、60、10、10 の 3 乗の分類があり、合計 720 万分類になります。さらに相性の分類を加えると途方もない分類数

になります。

　現在では他人を理解するための基本となる視点であり、企業経営に始まり、婚活、子育て、家庭経営、学級経営、塾経営、スポーツチームや競技などにも活用されています。

2 分類の説明

　人間は多面的、多機能で複雑です。人間の意思決定や行動特性は多重多層でシチュエーションによって変化するのです。

　分類の仕方はいくつかに分かれています。基本の分類は「個性」を観る3分類、6分類、12分類があり、それとは別に「行動特性」を観る2分類、そして「役割」を観る4分類があります。それぞれ主なものを簡単に説明します。

・3分類（個性）　　　人生の目的や方向性、幸せのカタチ、基本的な価値観などが決まる最重要な分類

・6分類（個性）　　　3分類を細分化した分類。意思決定、行動特性など日々の生活に一番はっきりと表現されている

・12分類（個性）　　6分類をさらに細分化した分類で、3分類と共に最重要な分類（生得的特質、気質、性格、資質、能力、役割など）についてさらに詳細に表現されている

・2分類（行動特性）　意思決定や行動のスピード、役割、適性や判断の基準など5種の切り口で分類

・4分類（役割）　　　仕事や社会での役割や適性を見るための分類

　以上の分類には「**内面と外面**」があり、それぞれの役割は内面で意思決定し、外面で表現（行動）することがわかっています。

　そしてさらに、以下の理論が加わります。

・生き方　　　　　　　状況に応じて発揮される分類　10分類

・補助的能力　　　　　10分類×3項目

・サーキュレーション（意思伝達の方向性）
・トキ　　　　　10分類×3項目（年・月・日）
・相性　　　　　14分類

　人間の意思決定、行動特性、役割は複雑ですが明快に分類しており人生や仕事、経営活動に活用できるのです。
　それでは「3分類」から説明していきましょう。

○「3分類」と個性のフレームワーク

　新しい発想を生み出していく「創造」、その新しい発想を具体化していく「活用」、具体化されたカタチを世に広めていく「展開」。世の中はこの三つの働きにより進歩しています。
　この進歩の法則は、人間を3種類に分類し3分類それぞれの役割を与えています。個性學で最も重要な分類です。

　さて、「3分類」をご説明する前に、個性のフレームワークについて触れておきましょう。個性のフレームワーク（天分の類型表）とは、一人ひとりが持つ天分の分類の一覧です。このフレームワークのバリエーションは、720万例と多岐にわたります。
　この表の12の「分析の目的」は、人間が多面的で多層的であることを表しています。内面の12分類および外面の12分類の能力、役割等を特徴別に分類し、12分類とは別の特徴⑪⑫を加えて一つの表にまとめたものです。
　従って本表は、その人の生年月日に付与された意思決定・行動特性・役割の情報であります。
　一人の人間は遺伝的要素、経験的要素、環境的要素に加えて、生年月日で生得的に与えられた天分を包含していると私は考えます。まず、分析の目的（類型）が12項目、①から⑨までの内面と外面、そして内外面の分類ができない⑩⑪⑫で構成されています（それぞれの分類についてはこれから本章で詳述します）。
　個性學では組織を構成する一人ひとりを理解し、適材適所などを決めるために本表を活用します。

　例えば、下表のフレームワーク事例に当たる人を営業で採用する場合には、次の分類を重視して採用の可否を判断します。

①人生の目的　　　　　　内面：大物志向
④組織における役割(2)　　内面：突撃隊長型
⑤マネージメントの仕方　内面：希望型
⑨意思決定(1)・能力　　内面：挑戦型、外面・実績型

　個性學理論では以上の項目をもとに、大企業なら新規営業に適していて、中小企業であれば大企業相手の新規営業に適していると考えます。
　また⑨（外面：実績型）は着実に実績を上げることが期待できる個性です。大企業で活躍するに足る能力があれば大企業で、そうでなければ中小企業で活躍すればいいでしょう。
　これらの事実を即座に判断できる個性のフレームワークは、適材適所を決めるツールとしては実に単純明快で簡単です。

＜個性のフレームワーク（一例）＞

	分析の目的	類型	内面(意思決定)	外面(行動特性)
①	人生の目的	3	大物志向	人志向
②	コンセプト	6	権力志向	安全追求型
③	組織における役割（1）	2	現場型	非現場型
④	組織における役割（2）	4	突撃隊長型	指揮官型
⑤	マネージメントの仕方	2	希望型	リスク型
⑥	仕事の取り組み方	2	フォワード型	フォワード型
⑦	交渉の仕方	2	建前型	建前型
⑧	モチベーションのかけ方	2	先アメ型	後アメ型
⑨	意思決定（1）・能力	12	挑戦型	実績型
⑩	意思決定（2）・性格	60	挑戦型－B	
⑪	生き方	10	奉仕奔走	
⑫	補助的能力	10	e－c－e e：運用力・統率力 c：宣伝力・統率力・表現力	

○「3分類」は個性學のベース

　個性學の活用では、まず3分類がベースとなり、目的によって1種類または数種類の分類を適用します。個性のフレームワークの全ての分類を活用する場面はこれまで経験したことはありません。しかし、一人の人間がこの多様な分類（切り口）を持つということは、今後社会がさらに進歩し役割が極度に細分化した時代になれば、そのときに必要になるのかもしれません。なぜなら、この世には不要な生命体、不要な機能や役割は一つもないからです。

　3分類は、「人志向」、「城志向」、「大物志向」があり、その特徴は以下の通りです。それぞれ「大事にするもの」が違います。

・人志向………家族よりも近くにいる友達を大事にする
・城志向………自分と家族を大事にする
・大物志向……社会や組織を大事にする

　さらに詳しく説明すると以下のような特徴があります。

＊3分類

	人志向	城志向	大物志向
幸せのカタチ	恥ずかしくない人生を送らなければならない	人生は楽しむためにある	人生は可能性を試す場
人生の方向性	皆と仲良く生きていきたい	好きなことを好きなときに好きなだけやっていたい	いつも元気で輝いていたい
大切にすること	信頼	自分らしさ	可能性
嫌いなこと	争いごと	ペースを乱されること	枠にはめられること
仕事に求めること	存在意義	実力と収入	達成感
得意なこと	新しいことを考える	形にする	広める
潜在的な才能	創造力 協調性	表現力 競争力	展開力 集中力
目指す人物像	信頼される人	自立している人	支持される人

　それぞれの特徴を理解し、自分自身や周囲との人間関係を個性學の視点から見つめ直すことにより、それぞれの役割や使命を確信し、自分に与えられた力を発揮することができます。

○「3分類」を細分化した「6分類」「12分類」

　この3分類を細分化したものが6分類になり、さらに細分化させたものが12分類です。

* 3分類、6分類、12分類の関係性

3分類	6分類	12分類
人志向	安全追求型	自然型
		実績型
	日々向上型	先端型
		配慮型
城志向	己型	独自型
		悠然型
	勝負師型	実益型
		夢想型
大物志向	権威型	敏感型
		完璧型
	権力型	挑戦型
		努力型

* 6分類

6分類	特徴
安全追求型	人と競わず、自分が安心して過ごせる環境を築きたいタイプ
日々向上型	昨日よりも今日、今日よりも明日と向上する日々を送っているタイプ
己型	自分の理想とする世界を築いていくために、周囲に振り回されることなくマイペースで生きるタイプ
勝負師型	周りに左右されることなく、自分の世界を築いていくため、常にライバルを意識して勝負をしていくタイプ
権威型	成功願望が強く、与えられたことはそつなくスマートにこなし、いつもキラキラ輝いていたいタイプ
権力型	いつも元気で大きな目標に向かって忙しく行動し、そのためにはどんなことでもトライしていくタイプ

＊12分類

12分類	特徴	役割	経営戦略
自然型	自然体でいたい。努力や根性は苦手	法則を見つける	無から有を生む
実績型	一流、本物志向。経験したものが力になる	熟練	経験と信頼
先端型	新鮮な感覚を持ち即断即決で時代を先取りする行動派	新しいを切り拓く	猛スピードで時代を創る
配慮型	情報通で客観的だが判断は悲観的。気配りの人	全てを丸く収める	100年経営
独自型	ナンバー1を目指して誰の真似もしないマイウェイに生きる	創意工夫	再生と継続
悠然型	マイペースで基本に忠実。誠意と粘りと平等が信条	安定とバランス	バランス経営
実益型	瞬間的な機転がきき短期勝負に強い楽しいことが大好き	今を生きる	ライバルより安い早い便利
夢想型	夢とロマンを見、それを追いつつも堅実に生きる	過去現在未来	長期戦略と総合化
敏感型	感覚的で、素早い判断と行動が特徴寄らば大樹の陰	風を読む	ヒーローを目指して
完璧型	完璧さを求める忍耐の人。完成度の高さを求める	組織と盤石	安定安心完璧
挑戦型	好奇心旺盛で誰もやったことがないことや可能性に挑戦する行動力抜群の人	俺がやらねば	未来の分野
努力型	努力と根性。不言実行で行動力抜群の人プロ意識が強い	俺が片づける	今を生きぬく

　上記の解説は、あくまで各個性のほんの一部ですが、個性が異なると価値観もハッキリと異なることが理解できます。

　幸せに生きるため、経営で成功するためには、自分自身の個性をよく理解するとともに他人との違いも知ることがとても重要です。このことは自分よがりではなく客観的に自分を知ることにつながるからです。

○2分類（行動特性）

行動特性の2分類には5種類ありますが、基本的なものは以下の通りです。適材適所の人事配置に最も考慮しなければならない重要な分類です。

2分類	内容
希望型 / リスク型	思考の方向性が分かる分類
現場型 / 非現場型	行動力が分かる分類
フィードバック型 / フォワード型	目標達成の仕方が分かる分類

○4分類（役割）

役割の4分類は主に企業内の役割分担や適材適所で活用される分類です。

4分類	内容
参謀型	構想や計画など頭でものを考えることが得意
	12分類では自然型、独自型、敏感型の3タイプが参謀型
指揮官型	周囲を巻き込み一方向に向け、それをマネジメントすることが得意
	12分類では実績型、悠然型、完璧型の3タイプが指揮官型
突撃隊長型	新しく物事を開拓することが得意
	12分類では先端型、実益型、挑戦型の3タイプが突撃隊長型
前線部隊型	繰り返し行うことをいとわず、結果を出し続けることが得意
	12分類では配慮型、夢想型、努力型の3タイプが前線部隊型

○理論的構成比率（理論値）とは

さて、12分類の該当者はどのような比率でこの社会に存在しているでしょうか。その比率は、理論的に以下のようにして計算されます。

12分類の個性は60日を周期として生まれています。そして、人志向の自然型・実績型の2タイプ、大物志向の敏感型・完璧型・挑戦型・努力型の4タイプ、合わせて6個性になりますが、さらに細分化されて各4タイプずつ誕生しています。よって4/60=6.7%の確率で存在していることになります。

人志向の先端型・配慮型の2タイプ、城志向の独自型・悠然型・実益型・夢想型の4タイプ、合わせて6タイプになりますが、さらに細分化されて各6タイプずつ誕生しています。よって6/60=10.0%の確率で存在していることになります（あわせて次のページの表もご覧ください）。

＜各種分類と理論的構成比率一覧（RKH）＞

(%)

12分類		3分類		6分類		4分類			2分類		2分類		2分類	
自然型	6.7	人志向	33.3	安全追求型	13.4	参謀型	自然型	23.3	自然型	46.7	自然型	50.0	自然型	40.0
実績型	6.7						独自型		実績型		独自型		実績型	
先端型	10.0			日々向上型	20.0		敏感型		独自型		敏感型		敏感型	
配慮型	10.0					指揮官型	実績型	23.3	悠然型		先端型		完璧型	
独自型	10.0	城志向	40.0	己型	20.0		悠然型		敏感型		実益型		挑戦型	
悠然型	10.0						完璧型		完璧型		挑戦型		努力型	
実益型	10.0			勝負師型	20.0	突撃隊長型	先端型	26.7	先端型	53.3	実績型	50.0	先端型	60.0
夢想型	10.0						実益型		配慮型		悠然型		配慮型	
敏感型	6.7	大物志向	26.7	権威型	13.4		挑戦型		実益型		完璧型		独自型	
完璧型	6.7					前線部隊型	配慮型	26.7	夢想型		配慮型		悠然型	
挑戦型	6.7			権力型	13.4		夢想型		挑戦型		夢想型		実益型	
努力型	6.7						努力型		努力型		努力型		夢想型	

※数値は小数点第2位を四捨五入しています。

3 内面と外面

　研究の結果、個性には内面と外面という二面性があることがわかりました。

・内面：意思決定（価値観）

　最終的な意思決定を行う際に、大きく影響を及ぼす部分

・外面：行動特性（第一印象）

　意思決定したことを行動に移すときに、大きく影響を及ぼす部分

　自分の中で二面性のギャップを感じたり、初対面の第一印象と後日印象が変わるのは内面と外面の違いが影響しています。

　この内面と外面の分類は心理学で用いる質問ではまずわからないでしょう。質問の答えが内面からの答えなのか外面からの答えなのかについて、個性學なくしては判別できないからです。

＜内面と外面＞

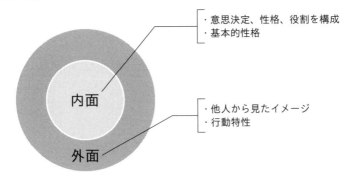

・意思決定、性格、役割を構成
・基本的性格

内面

外面

・他人から見たイメージ
・行動特性

　例えば大リーガーの大谷翔平選手とWBC2023日本代表の栗山英樹監督は12分類でいうと内面が同じ配慮型です。大谷選手は外面が独自型、栗山監督は外面が実績型です。二人の違いは外面にあり、この違いが二人の役割を異にしています。つまりプレーヤーとしての独自型、指揮官（監督）としての実績型であり、共に優れた才能を発揮しています。

4　生き方

　独立独歩・外柔内剛・鷹揚蛋白・鋭敏率直・奉仕奔走・堅実節約・義理人情・品行方正・臨機応変・従順展開の10種類があります。
　通常の生活や仕事では具体的に発揮されていて性格と間違えられる分類です。

5　補助的能力

　完遂力・実行力・交渉力・宣伝力・表現力・技術力・運用力・統率力・計数能力・人材運用力・組織拡大力・内部管理力・分析力・企画力・創造力・応用力・吸収力などがあります。
　日々の生活や仕事の中で、生き方の次に発揮されている分類です。

6 サーキュレーション

　3分類は意思決定パターンや役割が異なるだけではなく、意思伝達を行う際にそれがスムーズに伝わるか否かの法則でもあります。コミュニケーション全般に影響します。

<**意思伝達の方向性**>

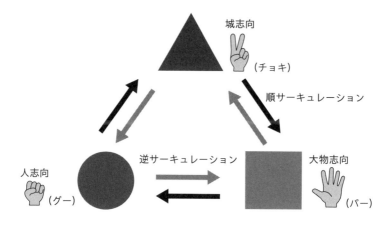

・順サーキュレーション
　　上下関係が「➡」の方向の場合、指示や意思伝達はスムーズに行われる
・逆サーキュレーション
　　上下関係が「➡」の方向の場合、指示や意思伝達がスムーズに行われない

　これはじゃんけんと同じような原理と考えていただくとわかりやすいでしょう。グー（人志向）・チョキ（城志向）・パー（大物志向）の法則と同じで「あいこ」や「勝ち負け」がつきます。勝った方から負けた方へはスムーズに流れ、負けた方から勝った方へはスムーズに流れないということです。

　同一志向は似たもの同士、相手の言うことを理解でき意思伝達はスムーズに行われます。

7 トキ

　私たちは誕生したときから、好調期（何をやってもうまくいくとき）、低調期（なかなかうまく進まないとき）があることを誰もが感じており、一定の周期で人生を生きています。

　トキはサイクル、期間、事件・象意を含んでいます。サイクルは10年、10か月、10日、期間は1年、1か月、1日です。事件や象意には10種類があります。そして、サイクルの10年はさらに大きく5つの期間に分かれています。

＜5つのサイクルと、それぞれのトキ＞

独立期		成長期		発展期		完成期		充足期	
行動	浪費	余波	焦燥	社交	収穫	変革	完成	整理	研究

　そして、この10種のトキには、それぞれ事件や象意が内在しています。

　例えば以下の表のように、焦燥のトキを迎えると人間関係のトラブル、怪我、事故などが起こりやすくなり、収穫のトキを迎えると、企業経営では売上や利益が10年間で最も多くなる傾向があります。

＜日々の生活、経営、それぞれのトキに内在する事件・象意＞

トキ	日々の生活で起きる事件・象意	経営で起きる事件・象意
行動	独立・積極・行動・分離	新規事業・社員退職
浪費	緩慢・損失・消極・諦観・浪費・体調不良	利益縮小・不渡り・貸し倒れ・社員退職
余波	一服・希望・油断	投資・人気
焦燥	待てない・焦り・障害・紛争・破壊・離散	利益縮小・不渡り・貸し倒れ・幹部退職
社交	社交・営業・投資	事業拡大
収穫	結実・収穫・発展・固定資産	事業順調・利益拡大
変革	変化・動揺・改革・革新	事業変革・社内改革
完成	完成・社会化・多忙	事業順調・利益拡大・業界の役割
整理	不安定・整理・縮小・断捨離・アイデア	事業縮小・事業見直し
研究	評価・反省・準備	結果・次の準備

8 覚悟の経営

　トキの理論を知ると、経営のサイクル、その中で起きる事、どれだけの期間続くのか、そして最終的にどうなっていくのかが予見でき、トキを事前に知ることでいろいろな準備・対応が可能になります。トキの活用は経営や人生のイメージトレーニングや予行演習を可能にします。

　トキを知ることで、好調期はプラス面がより良くなるように、低調期はマイナス面を少しでも軽減するように対処することがポイントです。

　このようなトキの理論を活用した経営を覚悟の経営と言います。

＜トキのエネルギー＞

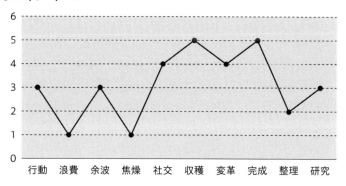

　この図はイメージです。もっと複雑な浮き沈みがありますが、ここでは例としてシンプルに表現しています。

9 相性

　相性には、①天分の相性②基本的相性③トキの相性の3種類があります。名称の通り、それぞれを活用する場面が異なります。

①天分の相性

　お互いの性格（全ての分類）の相性です。価値観、考え方、仕事の仕方そして意思決定や行動のスピードなど様々な特徴や違いが、良い結果を生じさ

せたり、またトラブルの原因にもなったりしています。

②基本的相性

これは個性、トキ、サーキュレーションとは全く別の概念です。

例えば、逆サーキュレーションだがなぜか馬が合い良い関係を築くことができる、反対に同じ個性なのに良い関係をつくれず馬が合わないということもあります。また「同じ個性だから最初は意気投合したものの、長く付き合ってみるといろいろと合わないことが多くあり、昔ほど良い関係でなくなった」というのはまさに基本的相性の影響と言えます。

結婚など長期にわたる関係では一番大事な相性になってきます。また創業企業の社長と専務の役割が長期にわたって良い関係が続いている場合は、この相性が良い場合が多いのです。

③トキの相性

前の二つと全く異なりタイミングが合わない、好調不調の時期が違う、イライラしたりウキウキしたりするトキが異なるなど、それらは無意識の中で起きている現象で私たちは毎日このような状況、人間関係の中で生活しています。日々の意思決定、行動は無意識の中で無数に行われるもので、自分ではどうすることもできません。

私たちは一人で生きることはできませんが、二人以上になると新しい人間関係が生まれますので、それが人生の幸不幸に影響を与えることも多々あります。互いに同じ人間だからといって、何事もスムーズにいくわけではありません。個人の天分や育った環境や教育その他の違いなどが原因です。逆にスムーズにいくことの方が不思議であり幸運なのです。

しかし、個性學的に良好な組み合わせ（天分・トキ・相性）の場合は、大きなトラブルが起きず長く良好な付き合いが続きます。逆に家族内や長い付き合いでも組み合わせが悪い場合も多々あります。

このように目の前で起きている現象の原因は、天分・相性・トキに起因することが多いのです。従って原因を明らかにした上で、どう理解するかどう

解釈するか、そしてどう対処すればいいのか、さらに良い関係、創造的な関係を創るためにどうするべきか等々、個性學はそれらに明快なヒントを与えてくれる画期的なツールなのです。

10 個性學はツールである

　私たちが生きていく際には様々なことが起こります。自分の周りで起こること会社や社会で起こることを「個性學で観る」ということは、全く新しい見方・視点を手に入れることです。これまで解明できなかった人間関係における様々な問題の原因の一端を、個性學は明らかにしたのです。

　私たちは、今、目の前で起きていることを理解し解釈するツールを一つ多く持ち、新しい解釈力を身につけることになります。個性學は、人間社会全体、組織そのもの、一人と複数、個人と個人等をより明快に理解し、より創造的な関係作りに役立つのです。

　経営だけではなく、ご自身や大切な人の幸せのために、周囲とより良い関係を築くために、社会で起きている現象を正しく理解するために大いに個性學を活用されることをおすすめします。

第2章

カリスマ創業者3人の後継者問題を考える

1 ニデックの後継者選び

　既述のように個性學は生年月日の研究によって構築された私独自の理論です。私の考えを企業の経営者ご本人に直接確認できれば良いのですが、その機会もありません。そのため本章の主張は、ニデックの永守重信氏、ファーストリテイリングの柳井正氏、ソフトバンクグループの孫正義氏についての新聞発表、リリース資料、各種経済誌のネット記事、および3氏の著書をもとに展開しています。

〈本文中の「個性」の表記について〉

一部を除き（内面：3分類・12分類 − 外面：3分類・12分類）の順番です。また、本文中に○○型と出てくる場合、特に表記のない限り内面の12分類を指しています。

---

1 関氏の退任を永守氏は「失敗」と語った

　2022年9月2日、日本電産（現ニデック）は、関潤氏の代表取締役社長執行役員兼最高経営責任者退任、および小部博志氏の代表取締役社長執行役員兼最高執行責任者就任を発表し、多くのメディアが取り上げて解説を行いました。

　永守氏は率直に「後継者問題は私が1番懲りた」と感想を述べました。その理由は、大きく以下の三つであったようです。

・理由1「1人で2兆円、3兆円の会社を把握するには限度がある。事業ごとに、業績の全責任を持つ担当者を決める。後継者問題は私が1番懲りた」

・理由2「日本電産は実績主義。それなのに前の会社での実績もよく分からない人物を、肩書で選んでいたのは間違いだった」

・理由3「（社内から社長を選べば）みんなが納得するところを、創業者がワンマンで『こいつだ』と連れてきたのが大失敗だった。もう4回も失敗している」

（出典：「社長更迭の裏に何があったのか、日本電産の永守会長が発した率直で辛辣な言葉」日経クロステック・2022年9月6日掲載）

もともと関氏は永守氏の期待を受け、「後継者」として任命された人物です。上記から1年あまり前の2021年6月22日、日本電産は株主総会後の取締役会で、最高経営責任者（CEO）を永守会長から関社長に引き継ぐことを決めました。永守氏は総会で「これ以上の人物はいない」と指摘しつつ、創業以来50年近く担ってきた経営責任を負う役割を、自らが「後継者」と見定めた関氏に渡したのです。

「『関氏が期待通りにやってくれなかったら、（目標とする）売上高10兆円をやれる人はいない』──。株主総会後、関氏と並んで記者会見に臨んだ永守氏はこう語り、関氏への強い期待を示した。一方で経営のバトンタッチの難しさについて問われると『悩みではなくて苦しみだ』とも明かした」

（出典：「日本電産、関氏がCEO就任『日本屈指の難しい引き継ぎ』」日本経済新聞・2021年6月22日掲載）

しかし、永守氏がここまで信頼し期待したにもかかわらず、関氏はわずか1年あまりで退任となりました。いったいなぜ、関氏はニデックを去ることになったのでしょうか。個性學の観点から、その原因を探っていきましょう。

② 永守氏と関氏の個性の違い

私の結論を先に申し上げると、その「失敗」の原因は個性の違いにあったのだと思います。そこで、まず2人の個性の違いについて記します。

個性の「分類」については第1章19ページから詳細を解説しています。

＜永守氏、関氏の個性＞

氏名	内面		外面	
	3分類	12分類	3分類	12分類
永守重信	大物志向	挑戦型	大物志向	敏感型
関　潤	城志向	夢想型	大物志向	敏感型

（敬称略）

個性學において、この2人の間で不和が生じる可能性がある事柄は、以下の3点が考えられます。

1．時間に関すること
2．報酬に関すること
3．企業文化に関すること

　本節では個性學をもとに、これまで後継者として招聘された関氏ほか4人についてその退任の理由を解説し、さらには2023年3月に発表された「後継者候補（2024年に決定予定）」の5人の中に永守氏が求める適任者がいるかどうかも論じます。

○後継者に求める条件【時間・報酬・企業文化】

　まず、本件についての私の見解を示しておきます。永守氏が外部から招聘した4名の後継者候補が全員退任したことについて、多くの批判記事が書かれる結果となりましたが、私としては永守氏の決断と行動を支持します。

　私の経営者歴は45年を超えていますが、永守氏のこれまでの後継者選びと行動は勇気あるもので、決して間違いだったと思いません。なぜなら、あれほどの業績を備えた優良企業の社長になったなら、諸般の事情が許せば誰であろうと同じ方針をとると考えるためです。

　1973年にわずか4人で創業した企業が、現在、従業員約11万人、2023年3月期連結売上高(国際会計基準)では前期比16.9％増の2兆2428億円と、過去最高を更新する巨大企業になりました。京都に本社を置く上場企業では初めて2兆円を突破しています。永守氏はこの超優良企業を、何もないところから裸一貫で築き上げたのです。

　世の中には自分よりもっと優れた経営者がたくさんいるはずだと考え、極めて優秀な人物を探し出し、「この人ならば日本電産（現ニデック）をさらに素晴らしい会社にしてくれるだろう」と期待し、熱い想いで会社を託した。永守氏にとってこれは当然の流れでしょう。

　200人もの候補者に会い、最高の後継者候補として関氏に権限を委譲しましたが、結局、後継者として認めることができませんでした。関氏は経営面において、永守氏の期待に応えることができなかったからです。

　なぜ、期待に応えられなかったのか。答えは簡単です。

永守氏が後継者に求める条件（時間・報酬・企業文化）に、関氏が敢えて異を唱えたためです。

○1　「時間」に関する考え方の違い

　永守氏の個性は（内面：大物志向・挑戦型－外面：大物志向・敏感型）です。

　この個性の意思決定および行動特性は「即断、即決、即行動」です。そして一番の特徴は「すぐやる」です。「行動し（走り）ながら考え、考えながら行動する（走る）」が基本です。

　個性學によると、永守氏の個性は内面の12分類が「挑戦型」に当てはまります。目標達成の仕方は2分類のフォワード型です。

　フォワード型はまず目標を決め、その達成のために手元にある材料をかき集め、取りあえず出発します。そして、目標達成のためにどうすべきかを走りながら考え、考えながら走り、どんどん手数を打っていきます。目標を管理するため、手を打った後でスケジュールを細かく修正・変更しながらゴールを目指すなど、とにかく前進あるのみです。

　その一方で、フォワード型は単純な猪突猛進型というわけではなく、突発的に他の仕事が入ってきたような場合でも、即座にスケジュールを変更できる柔軟性も兼ね備えています。

　永守氏は他に類を見ない猛烈経営者であり、目標を達成するためには365日休みなく働きます。バブル時代の企業戦士のCMを彷彿とさせる「24時間戦えますか？」のスタイルで、目標管理を軍隊のように徹底し、少しでも遅れようものなら「緩んでる！」「死ぬ気でやれ！」と檄が飛んできます。

　一方で、関氏の個性は（内面：城志向・夢想型－外面：大物志向・敏感型）であり、内面の12分類が「夢想型」になります。目標達成の仕方は2分類のフィードバック型です。

　フィードバック型は目標を設定し、ゴールから逆算してスケジュールを立て、しっかり段取りをつけてから走り出します。そして何事もスケジュール通りに実行し、目標達成する仕事のスタイルです。

フィードバック型は一日のスケジュールを毎朝ちゃんと決めていて、予定通りに一日が終わることを求めます。従って、途中で予定外の仕事が入ってきたり、変更されたりすることを極端に嫌います。

　個性學の12分類の中で、最もスケジュールにシビアな個性が夢想型です。夢想型は一日のスケジュールだけではなく、一生のスケジュールを決めている人さえいるのです。

・ぶつからずにはいられない「挑戦型」と「夢想型」

　永守氏の内面の12分類「挑戦型」は短期視点、対する関氏の「夢想型」は長期視点です。ですから、そもそもこの2人が一緒に仕事をすること自体が無茶なことなのです。

　ましてや、これはトップマネジメントにかかわる問題です。挑戦型のリーダーシップは率先垂範で社長が一番働きますから、会社には社長が毎日一番先に出勤し、一番遅くまで仕事をすることが当たり前です。

　一方の夢想型はといえば、会社の規則をしっかり作ってそれに沿って仕事をしますから、就業規則の始業時間に合わせて会社に出勤し、終了時間になれば退社することが当たり前です。2人のやり方のどちらが良い、悪いということではなく、それぞれがそのような仕事の仕方を当然と考えています。すなわち、自分の個性通りに仕事をしているに過ぎません。

　とはいえ、この2人が衝突せずに済むかといえば、そんなはずがありません。

「日本電産では役員らは朝7時には出社するよう求められている。役員たるもの社員より早く出社せよ、が永守氏の理念だからだ。しかも、役員らは朝8時半からは社員と同様に職場の清掃をしなくてはならない。

　だが、関氏は8時半近くになって出社することが多く、永守氏はこれを難詰した。『これでも日産時代よりは早いくらいです』。そう反論する関氏に永守氏が激怒。他の役員の出社時間まで調査する騒動となったという。

『出社時間問題』は、2人の間に大きな溝を生むきっかけとなった。永守氏は、9月2日の関氏辞任を決めた取締役会後の記者会見で、関氏の下で日本電産の企業文化が崩壊しかねなかったと主張したが、その事例として『新しい社長が来て朝の出勤時間から何から、ガチャガチャになってしまった』と発言

しているほどだ」

（出典：「日本電産、カリスマ経営者が招いた大量退職危機」東洋経済 ONLINE・2022 年 10 月 7 日掲載）

　結局、目標達成の仕方の違いが2人の間に亀裂を生み、関氏はわずか1年で退任することになったのです。さらに、前述したように「挑戦型」は短期視点、そして「夢想型」は長期視点で経営を考えています。

「短期視点を優先する永守氏と、長期視点を優先する関氏とでは折り合うところがなかった。『2週間で結果を出せ』『四半期待ってダメなら降格』とする永守氏に対し、関氏は『とりわけ車載事業は先行投資が肝であり、事業もそれに伴う人事も2年をベースに考えてほしい。そうしないと真っ当な事業運営などできない』と主張していたようだ。だがそうした考え方は、永守氏からするとスピード感が欠如しているという評価になる」

（出典：「スクープ！日本電産 “社長解任” 全真相【後編】関派幹部へ社員から 200 通超の『社長慰留嘆願メール』」ダイヤモンド・オンライン・2022 年 9 月 27 日掲載）

　関氏の「夢想型」は、個性學の6分類で「勝負師型」というタイプに当てはまります。氏の勝負の仕方は自分の土俵で勝ったり負けたりしながら「最後に笑う」戦い方、言い換えれば F-1 レースのように抜きつ、抜かれつで「最後は俺が勝つ」という勝ち方を目指します。

　一方、永守氏の6分類は「権力型」というタイプです。つべこべ言わず、部下は権力者である自分に黙ってついてこい、というリーダーシップの取り方です。「時間」についての考え方の違いをきっかけに、2人の価値観の溝は深まっていったのでしょう。

　関氏はニデックを猛烈経営企業ではなくグローバルスタンダード企業に生まれ変わらせるべきだと考え、就任から退任までの1年間、ことあるごとに永守氏に反目し、自身が目指す経営を推し進めようと試みました。結果的には、何一つ受け入れられなかったといっていいでしょう。

○2　「報酬」についての考え方の違い

　次は、個性の違いで摩擦が起こりがちな「報酬」についての問題です。

　人が働く目的は、個性學の基幹となる3分類の違いによって大きく変わり

ます。ざっくりといえば、人志向は「人間的成長のため」、城志向は「報酬のため」、大物志向は「出世するため」となります。

　城志向に分類される関氏にとって、自身が働く目的として報酬を重視していたはずです。なぜなら城志向は「人生は楽しむためにある」と考えているのです。
　城志向の"楽しむ"とは「好きなことを好きなときに好きなだけ楽しむ」ということです。限られた時間の中で人生を楽しめるだけ楽しむには、時間とお金が必要です。仕事で自分の時間を消費することは、苦痛以外の何物でもありません。しかしその一方で、お金がなければ食べることも寝ることも遊ぶこともできませんから、自分の大切な時間を売って仕事をするのです。
　ですから城志向の人は、できるだけ短時間で高額な報酬が嬉しい、という考えに至るのです。
　城志向は、1分1秒でも無給の仕事はしたくありません。そして当然、有給休暇の消化率は常に100％に近い状態です。ですから城志向の人が社長になっている会社は就業規則・給与規則が明快に決められ、早出残業に対しても1分単位で報酬が支払われる傾向が強くなります。有給休暇は100％の消化率を奨励されるため、ブラック企業とは対極に位置します。

・受け入れられなかった自己評価型の働き方
　こうして報酬にこだわる傾向の強い城志向ですが、彼ら彼女らは自己責任の感覚も強く備えており、結果が出せなければ報酬が少なくても仕方がないと受け入れることができます。しかし、それは結果を出せなかった理由として、「自分に原因があった」と自覚できる際に限られます。
　ここにも、関氏と永守氏との不和の原因が見られます。
　事業計画の未達を理由に全ての役員報酬を下げると主張した永守氏に対して、関氏は以下のように永守氏に反論しています。

「『過去最高の業績を記録しておきながら、その功績に報いないのはあり得ない。事業計画が達成できないのはその目標が高すぎるから。筆頭株主（＊永守氏のこと）が会社を経営し株主受けの良い事業計画を作り、それが未達だったらボーナスが出ないというのはおかしい。社員に厳しさを求めるのはいいが、

厳しくてもルール通りに運用しないと、社員は誰もついてこなくなってしまう』

　この反論に永守氏は激昂した。2人の対立は決定的なものになり、関氏は海外放逐を余儀なくされた」

（出典：「スクープ！日本電産"社長解任"全真相【前編】、永守会長が関氏に突き付けた『2通の通知書』の中身」ダイヤモンド・オンライン・2022年9月26日掲載）

　結果として、永守氏は関氏に「9か月の無報酬労働」と「四半期ごとの待遇見直し」を通告しました。

　城志向にとって、これでは働く理由が見当たりません。

　そして永守氏の通告により、城志向のもう一つの重要なモチベーションが封印されてしまいました。それは「自分の思い通りに仕事をし、結果の評価は自分でする」という自己評価型の働き方です。

　そもそも社長にとって、仕事ができる城志向の社員はありがたい存在です。目標と期限を与えておけば、その達成のために自分で考え、しっかり稼いでくれます。そしてその結果を自分で評価し、報酬を要求してくるのです。

　このように実力主義を貫く城志向の関氏の要求を、永守氏は否定してしまいました。これは両者の決定的な溝となったことでしょう。

○3　「企業文化」に対する考え方の違い

　内面が「大物志向・挑戦型」の永守氏と「城志向・夢想型」の関氏は、経営戦略の価値観が正反対です。

　大物志向の企業経営者の目的は「大きくて、誰でも知っている有名な会社を創ること」であり、城志向は「ライバルを意識しつつ、自分のやり方で最後に勝って利益を上げること」です。

　挑戦型は超スピード経営とハードワークによって日本一、世界一を目指す個性の戦略を実行することが多く、ニデックの企業文化も創業者である永守氏の個性の価値観で構築されています。

　一方、関氏の夢想型は、まず夢ありき計画ありきの戦略で、計画に沿ってしっかりと計画、準備をして、着実に堅実に夢を形にしていきます。

　夢想型の経営計画は20年30年単位ですから、途中で何かあっても右往左往することなく、社会や経済変動を勘案しながら巧みに舵取りをしていきます。グローバルスタンダードの経営といってもいいでしょう。

そもそも夢想型は、個性學の12分類で最も安定した企業経営を遂行する個性なのです。そして、信じるものは契約書、お金、財産です。どんなに親しい間柄であっても契約書を取り交わすことから仕事が始まります。

　永守氏が目指すモーレツ経営と、関氏が目指すグローバルスタンダード経営。個性が違い過ぎる関氏のこの経営ポリシーを受け入れると、これまで自分がやってきた経営を全否定されることになり、結局永守氏は受け入れられませんでした。

　企業文化に対する考え方について加筆します。
　ニデックの企業理念には「情熱、熱意、執念」「知的ハードワーキング」「すぐやる、必ずやる、出来るまでやる」の三大精神が掲げられていますが、「夢想型」には三つ目の精神の「すぐやる」という概念は存在しません。
　夢想型にとっての仕事のスタイルは「必ずやります。しかしいつから始めていつまでに終わらせます」という「期間」の条件設定が大切です。
　期間は短期ではなく長期であることが望ましく、少なくとも2年、3年が一つの単位です。
　大物志向のように「今日やってできなかったことを明日以降に組み込み、計画を柔軟に変更しながら結果を出し続ける」という働き方ではなく、城志向は「約束の期間でやりくりしながら約束の結果を出していく」という仕事の仕方であり、当初に設定された条件が変われば、当然のように期間や報酬の変更を求めます。
　このように永守氏の「すぐやる」経営スタイルと関氏の「一定期間の中で結果を出す」経営スタイルは、互いに容認できるものではないのです。

・考えのすれ違いと葛藤
　以下のような事実を知ると、永守氏と関氏は2人ともに、企業文化の違いについて葛藤しながらその発展を考えていたことがわかります。

　「ところが、この2年近く、私は非常に苦しい日々を送っていました。自分が選んだ後継者ですから、任命責任というのは重大です。ですから、できる限りそれを任せなければいけないと思って見ていました。しかし、残念なが

ら業績はどんどんどんどん悪くなり、株価は下がり、時価総額も下がっていきました。それ以上に、『決めたものは必ずやり抜く、どんなことがあってもやり抜く』という企業文化が崩れ去っていく姿を見て、私は非常に危機感を覚えました」

（出典：「『崩れ去る企業文化に危機感』、日本電産の永守会長が明かしたCEO復帰のワケ」日経クロステック・2022年7月21日掲載）

「かつて関氏は周囲にこう語っていたという。『知的ハードワーキングと言いつつ"パワハラ"まがいのやり方を続けていては、グローバル企業と伍して戦えるわけがない。会長や小部さんのやり方の延長線では勝てない。会長がお手本にしてきた京セラやオムロンだってそのステージを乗り越えてきた』。売上高10兆円のグローバル企業へ脱却するためにも、モーレツ労働の考え方では限界があると考えていたようだ。

　同時に関氏は『永守会長のコピーを生んでも、会長を超える人間など生まれない』とも発言していた。そこで関氏が掲げたのは、"モーレツ企業"からの脱却であり、創業者経営からの脱却であった」

（出典：「スクープ！日本電産"社長解任"全真相【後編】関派幹部へ社員から200通超の『社長慰留嘆願メール』」ダイヤモンド・オンライン・2022年9月27日掲載）

「（私は関氏に）何回も何回も指導したが、それを2人がけんかしているのではないかと思っている人がいる。そうではなく、（彼は）指導を受けているのだ。私から経営の指導を受けていて、横を向いて真似なかったら進歩はない。私は50年間、会社の経営をやっている。数々の倒産しかかった会社を再建してきた。だから、そこから学ぶことはいっぱいある」

（出典：「社長更迭の裏に何があったのか、日本電産の永守会長が発した率直で辛辣な言葉」日経クロステック・2022年9月6日掲載）

　そもそも永守氏の挑戦型は「七転び八起き」が成長、成功の要因ですから、失敗を回避するために用意周到な経営を志す夢想型の慎重さに我慢ができないはずです。自分のやり方を学ぶつもりのない関氏に、いら立ちが募ったことでしょう。

　さらに、永守氏が関氏に指導している一方で、そもそも関氏は永守経営を否定し、自分が思うニデックへと変身させようとしています。ですから、関氏が永守氏に学ぶわけはありません。

企業文化、企業の将来についてのお互いの考えのすれ違いと葛藤、それは2人にとってどうにも耐え難いものであったに違いありません。

　以上、「時間」「報酬」「企業文化」の3点について、永守氏と関氏の考え方の違いを見てきました。
　両者の意見が異なる理由は単なる生得的な天分（性格）の違いです。こればかりは個性が内包している気質ですから、どうにもなりません。成功した人は「人間に不可能はない」と豪語されますが、そんなことはありません。
　必ず強みと弱みがあるのです。

　ここでは述べませんが、人間の誕生のシステムは驚くばかりです。一人ひとりには役割があり「得手不得手」は厳然と存在します。感性が柔軟な20代から訓練すれば、できないことでもできるようになるかもしれません。しかし、関氏の年齢、そして日産自動車での成功体験が永守氏の価値観の受け入れを拒否したのではないでしょうか。関氏はニデックとは別の環境で自分の目指す企業経営を貫く方がよいと思います。

③ 関氏以前に退任した3人について

　ここからは、関氏の退任から遡って、まずは永守氏とそれ以前の後継者候補であった3人の個性を見ていきます。

＜関氏以前に退任した3名＞

氏名	内面		外面	
	3分類	12分類	3分類	12分類
永守重信	大物志向	挑戦型	大物志向	敏感型
呉　文精	城志向	独自型	城志向	悠然型
片山幹雄	城志向	悠然型	城志向	悠然型
吉本浩之	人志向	実績型	人志向	配慮型

（敬称略）

　呉氏、片山氏の3分類は城志向、吉本氏は人志向です。そして3人とも

行動特性の２分類は非現場型です。役割の４分類は呉氏が参謀型、片山氏と吉本氏が指揮官型です。

　従って３人共、永守氏が求める即断、即決、即行動、そして「すぐやる」行動ができない個性です。経営能力があるないにかかわらず、この時点で永守経営を継承する後継者の個性ではありません。

　では、なぜ永守氏はこの３人を後継者として招聘したのでしょうか。一言で言えば、永守氏がないものねだりで自身とは真逆の個性の後継者を望んだ結果ではないかと思います。確かにこの関係であれば、役割分担をして互いに得意分野に徹すれば、より素晴らしく強い組織になる効果も期待できるのです。

　しかし３人とも、永守経営を継承することができませんでした。じっと待つことが苦手な「挑戦型」の永守氏は、この３人にしびれを切らしていたことでしょう。永守氏が個性學を学んでいれば、つまり個性を起点に後継者選びを考えていれば、永守氏も３人の後継者候補も、お互いにこれほどまでに悩むことも苦しむこともなかったはずです。

4 2024年昇格を目指す後継者候補5人について

　2023年３月13日、ニデックが次期社長候補５名を発表したニュースが飛び込んできました。候補のうち１人が１年後の2024年４月に社長へ昇格し、永守氏自身は会長とCEO職を退任し、代表権も返上する考えを示しました。以下、候補者５人の個性を記し、個性學の視点から述べておきましょう。

＜2023年3月発表された候補者5名＞

氏名	内面		外面	
	3分類	12分類	3分類	12分類
大塚俊之	大物志向	挑戦型	人志向	先端型
西本達也	大物志向	完璧型	人志向	実績型
北尾宣久	人志向	自然型	大物志向	敏感型
小関敏彦	城志向	夢想型	人志向	実績型
岸田光哉	人志向	実績型	城志向	悠然型

（敬称略）

「大塚、西本、北尾の 3 人は、業績で大きな貢献をしてきた。小関は（元東京大学の教授で）世界的な研究者だし、研究のネットワークも広い。岸田は（一番社歴は浅いが）ソニー出身で、豊富な仕事の経験があるし、苦労やハードワークもいとわない。5 人のうち誰が次期社長に選ばれても OK だ」

（出典：「日本電産、永守経営の "黒帯" 5 人　後継候補の副社長に」日経ビジネス・2023 年 3 月 14 日掲載）

　5 人の個性を見ると、永守氏は個々の候補者が後継者になったときの、それぞれの可能性を熟慮されたことが痛いほどわかります。

　永守氏は誰が社長になってもいいと言われていますが、個性學的に考えれば、今後永守経営を継承させるのか、封印するのか、または緩和されるのかによって、次期社長の選択は大きく異なります。関氏の退任が企業文化の崩壊を恐れた結果であるならば、永守氏の経営路線は以前と同様に継承していかなければならないでしょう。

　西本氏、北尾氏、小関氏、岸田氏は、今まで永守経営で立派な実績を残されてきた人たちですが、4 人には得意な経営の形があり、誰になっても企業文化は徐々に変化していきます。従って、まずは永守氏の精神、および社員ほかステークホルダーの安心と安定のためにも、後継者は永守氏と同じ資質の持ち主であることを優先すべきです。

　幸い 5 人の後継者候補の中に、永守氏と同じ内面に「大物志向・挑戦型」を持つ大塚氏が選ばれています。次期社長は大塚氏を選ぶことで、社内外に大きな変化や問題が起きることなく安心して継承できると思います。

　大塚氏が 2 代目社長に就任することでニデック内部は大きく変わることはなく安定しますから、この期間に社長交代の様々なショックを吸収し、3 代目の社長は企業の内外の状況をふまえて適任者を選べばよいのです。

5 挑戦型、夢想型の経営者

　本節の最後として、永守氏と同じく内面が「大物志向・挑戦型」の経営者、そして関氏と同じく内面が「城志向・夢想型」の経営者を一覧にしましたのでご参考になさってください。

＜内面：大物志向・挑戦型の創業経営者＞

企業名	創業者名	内面		外面	
		3分類	12分類	3分類	12分類
楽天グループ	三木谷浩史	大物志向	挑戦型	人志向	先端型
ユニ・チャーム	高原慶一朗	大物志向	挑戦型	城志向	独自型
花王	長瀬富郎	大物志向	挑戦型	大物志向	完璧型
タビオ	越智直正	大物志向	挑戦型	城志向	実益型

（敬称略）

＜内面：城志向・夢想型の創業経営者＞

企業名	創業者名	内面		外面	
		3分類	12分類	3分類	12分類
パナソニック ホールディングス	松下幸之助	城志向	夢想型	城志向	悠然型
ソニーグループ	井深　大	城志向	夢想型	人志向	先端型
ビックカメラ	新井隆二	城志向	夢想型	大物志向	敏感型
上新電機	浄弘博光	城志向	夢想型	大物志向	敏感型
イトーヨーカ堂	伊藤雅俊	城志向	夢想型	人志向	実績型
セブン＆アイ・ ホールディングス	鈴木敏文	城志向	夢想型	大物志向	敏感型
くら寿司	田中邦彦	城志向	夢想型	人志向	配慮型
綜合警備保障	村井　順	城志向	夢想型	城志向	実益型
Meta（旧Facebook）	マーク・ザッカーバーグ	城志向	夢想型	大物志向	完璧型

（敬称略）

2 | ファーストリテイリングの後継者選び

　ファーストリテイリング（以下 FR）はユニクロ、ジーユーなどを傘下に配する持ち株会社です。

　FR の歴史の中で、たった 3 年弱だけ柳井正氏が社長から外れた期間（2002年〜 2005 年）がありますが、それ以降今日まで、柳井氏はグループ各社の会長職を兼務しつつ陣頭指揮を執ってきました。

　2023 年 12 月末現在、FR は後継者が決まっていません。同年 9 月 1 日付のユニクロの人事で、取締役だった塚越大介氏が代表取締役社長兼 COO に就任し、それまで代表取締役会長兼社長を務めていた柳井氏は代表取締役会長兼 CEO となりましたが、現時点で塚越氏を柳井氏の「後継者」と解釈することは難しいでしょう。

　本節ではこれから、柳井氏の後継者像を個性學の見地から考えていきます。

1 柳井氏の個性を知る

　個性學の天分経営理論は「社長の性格が経営する」という理論です。そのため、各企業の経営を理解するには、まず社長の性格を知ることが最優先です。それも個性學的に知ることが重要になります。

　そのためには、最初に個性學の基本の分類（3 分類、6 分類、12 分類）と内面と外面の存在を知ることが肝心で、それにより個性の特徴がイメージできます（第 1 章参照）。

（注：個性學では個性を「天分＋トキ＋器」で構成されていると考えていますが、ここでは個性＝性格として述べます）

　まず、柳井氏の個性を細かく見てみましょう。

＜柳井氏の個性　基本的分類＞

	3分類	6分類	12分類	2分類		4分類
内面	人志向	日々向上型	先端型	希望型	現場型	突撃隊長型
外面	城志向	勝負師型	実益型	希望型	現場型	突撃隊長型

　柳井氏の個性をシンプルに表すとこのような分類で表現されます。

　この分類の名称から何となく柳井氏の個性のイメージが浮かび上がってこないでしょうか。個性學の分類の持つ特徴は、その単語がイメージさせるものと大きくかけ離れていません。また、内面、外面を問わず同じ分類はほぼ同じ働きをすると考えます。このように一人の人間がたくさんの分類で表現されるのは、個性學がその人の全体を目的ごとにいろいろな切り口で捉えているからです。

　私たちが持つ個性は誕生と同時に付与されています。つまり本人は先天的な個性のまま無意識のうちに意思決定し行動し役割を果たしているのです。ですから本書を読まれると、皆さん新鮮な驚きとともに妙に納得するような気持ちになるのではないかと思います。

　例えば、個性學の根幹となる3分類において、それぞれ「起業の目的」を一言で表すとこのようになります。

・人志向 ………… 良い会社をつくる

・城志向 ………… お金や財産をつくる、すなわち儲かる会社をつくる

・大物志向 ……… 大組織で皆知っている、世界的に有名な会社をつくる

　そして、柳井氏の各分類における特徴は以下のようになります。

・3分類 ………… 人志向：良い会社を目指す

・6分類 ………… 日々向上型：キーワード「新しい」「成長」

・12分類 ……… 先端型：新しいブームを作る、時代を創る

・2分類 ………… 希望型：意思決定の判断基準がポジティブ・楽観的

　　　　　　　　現場型：意思決定、業務遂行のスピードが速い

・4分類 ………… 突撃隊長型：思い立ったら吉日、即断・即決・即行動の戦術

このような特徴を総合すると、柳井氏は良い会社を目指し、「新しさ」を事業化し、臆することなく希望に燃えて、何事も即断・即決・即行動、猛スピードで具現化していく個性を持っています。そして、具体的には内面、外面とも以下のような12分類の性格付けによって、細かな経営戦略が立てられているのです。

○内面：先端型

　生涯青春、高校生のような感覚で、颯爽と軽やかにカッコよく生きようと考えます。そして日々やりたいことが次々と湧き出てきて全部やらないと気が済まない。社会の全てが刺激的で、その一つひとつに反応し、一喜一憂する多感さが特徴です。一方言葉に対しては繊細な感覚を持ち、ネガティブな言葉に傷つくナイーブな面も持ち合わせています。

　このような性格が、良い会社を創り、現代社会や組織において「こうすればもっと良くなる」と考えてその解決策を見出し、見つかったならばそれを誰よりも早く、猛スピードで実現するなど、あらゆる分野で新しい時代を創る、それも先頭に立って創る役割を受け持つのです。

○外面：実益型

　外面が実益型という人は、まるで幼児のような気質を持っています。

　屈託がなく、明るく、楽しくて面白いことが大好きです。毎日ワクワクしたい、注目されたい、欲しいと思ったら今すぐに欲しい、周囲の役に立ち褒められたい……。

　この個性を持つ人の意思決定と行動は「カジュアル、リーズナブル、コスト意識、短期勝負、今すぐ、軽やか、気が利く」などのキーワードで表すことができるでしょう。

　そしてさらなる特徴として、この（内面：先端型－外面：実益型）という12分類の内外面が、ともに2分類「希望型」であり4分類「突撃隊長型」であることです。

　意思決定、行動特性において前に進むことしか考えておらず、「リスクを考えて立ち止まる」ということはありません。他人が失敗だと思っているこ

とでも、本人は成功するための一つのステップであり、勉強だったという捉え方で、たとえ失敗しても一晩寝れば切り替えてまた前を向けるのです。何事もポジティブに捉え、経験しなければわからないことだと素直に思える気質の個性なのです。従って、新しいことであっても躊躇なく即断・即決・即行動の超スピードビジネスを具現化できます。

○先端型のビジネスモデルの特徴

そしてファッションビジネスにおいて、柳井氏は以下のような個性の特徴を持っています。

- ・イージー、スピーディー、気軽
- ・素材にこだわる、新素材への挑戦
- ・誰もが1枚は購入するようなシンプルな定番商品
- ・高校生でも気に入った商品があれば即購入できる価格（服のコンビニ）
- ・今まであった商品を少し変えて新しく見せ画期的な新商品に仕上げる
- ・自社で企画、開発、製造、販売まで、スピーディーに一貫して行う
- ・社長であっても人や社員に任せず自分の頭を、目を、手を使う
  （他人に任せると遅くなるから）
- ・経営戦略は、「即断即決即行動」ができるビジネスモデルを考える
- ・超スピードで店舗展開する
- ・細部にわたる総合的な構想力、企画力、実現力がある

先端型の社長は、現実の社会を今すぐ良くする役割を一手に担い、日々全速力で生きています。柳井氏はそれに加えて独特の人生哲学、経営哲学を持ち、日本で、そして世界で1番になるという目標をビジネスに具現化しています。

このことを世界規模で実現できる先端型のスーパーマンのような人が柳井氏なのです。

○人志向にとって「人生で大切なこと」とは

人志向の経営者は「良い会社をつくること」だけでなく「人として正しい生き方、正しい経営をしなければならない」と考えています。

「ファーストリテイリンググループのミッション」は、「私たちの価値観」の中で『正しさへのこだわり』を一文に掲げ、全社を挙げて実行しています。

「昨年春に緊急事態宣言が発令された直後、ファーストリテイリングの柳井正会長兼社長は『自らの原点に立ち返り、より正しい経営を行う』と語った。それ以降も『正しいこと』に取り組むと強調する」

（出典：「『善行』は本心か題目か　ユニクロ、3年で会社が変わった」日経ビジネス・2021年1月13日掲載）

　ちなみに内面の3分類が柳井氏と同じ人志向の南場智子氏（DeNA会長）の個性は（内面：人志向・配慮型－外面：人志向・実績型）です。南場氏の言葉も個性を表しています。

「事業リーダーにとって、『正しい選択肢を選ぶ』ことは当然重要だが、それと同等以上に『選んだ選択肢を正しくする』ということが重要となる」

（出典：『不格好経営―チームDeNAの挑戦』南場智子／日本経済新聞出版社）

　人志向の経営は経営理念ありきです。そして、それは全社員が一丸となって経営理念にうたわれた正しい経営を実現するための組織であるということなのです。本気で「社会が良くなり、社員が幸せになること」を望み実行しているのです。
　それでは、本題のFRにおける柳井氏の後継者について考えていきます。

② FR後継者の条件

　今までの柳井氏の発言を見てみると、後継者については新聞やインターネットで以下の記事が公表されています。

○1　世襲はしない

「ユニクロを運営するファーストリテイリングは（編集部注：2018年10月）11日、柳井正会長兼社長の長男と次男を取締役に昇格させる人事を発表した。長男と次男による社長後継は否定した。同社は柳井氏が1人で陣頭指揮を執ってきた。ポスト柳井氏の経営体制構築をにらみ、まずは創業家として経営を

監督できる地固めに一歩踏み出す」

「『私がいない場合でもガバナンス（企業統治）がきくという意味。2人が経営者になるということではない』。11日、都内で開いた決算会見で柳井氏は強調した。同氏はかねて、長男や次男は経営を執行するより、会長や副会長の立場から会社のお目付け役になると説明してきた」

（出典：「息子2人を取締役に　ファストリ柳井氏が探る『次』」日本経済新聞・2018年10月11日掲載）

○2　FRの後継者・五つの資質

「自分たちで考えない限り良い経営はできない。良い経営者になりたいと思ったら、（考えないと）自分は成長しない。今は昔ほど辞める人もいないが、それが良いことか悪いことかわからない。ただ、言えることは最低でも10年同じ仕事をしない限り、何もわからないということだ」

（出典：「ファストリ柳井氏、後継者探しの覚悟」日本経済新聞・2020年2月20日掲載）

「まずは我々の基本的な考え方、経営者になるためのノートを作っているので、それを理解して体現できる人物。我々は服を売っています。個人的な考えかもしれないけど、服って、主観的で客観的なものだと思うんです。服には文化があるんです。そのことを理解していること、それが大事ですね」

「加えて実行力があり、挑戦できる人。僕と同じタイプはダメだと思う。誤解を恐れずに話すと、僕はある意味で経営者として『オールマイティー』です。（実質的な）オーナーで会長で最高経営責任者（CEO）。商売のことも商品のこともよく知っているんだから。うちの経営陣によく、『僕みたいにするな、絶対失敗するから』といっています。僕は創業者だからできたこともある。いかに能力があっても、僕なしで今後、経営するにはチームでやらなければうまくいきません。団体戦で戦える、そんな能力が必要になります」

「支持されるリーダーというのは、好き嫌いじゃない。この人のいうことなら聞いてもいいと思える人。そのためには、（部下に）具体的で的確な指示が出せなくてはいけませんね。経営はぼんやりした概念や方針じゃ回りません。

具体性、個別性がないと経営はうまくいかない」

（出典：「『僕と同じやり方では失敗する』柳井正氏の後継者」NIKKEI リスキリング・2018 年 1 月 25 日掲載）

　以上の記事から、後継者の資質で必要なのは以下の五つに絞られます。

　①根源的に考える能力があること
　②10 年以上 FR で働いていること
　③柳井氏の基本的な考え方を理解して体現できること
　④チームで戦える人であること
　⑤リーダーとして周囲の支持を集められること

　もう一つ柳井氏の特徴としてのキーワードは「成長」です。この成長には二つの意味があります。

　一つは「成長意欲」です。これが高い個性として、柳井氏のように 6 分類の日々向上型、12 分類では先端型が当てはまります。毎日半歩でも 1 歩でも成長するために努力する個性です。加えて自立心が強く意思決定力、行動力、具現化力、現場対応力、現場変革力が高い個性です。

　先端型の意思決定は希望型で、何事にもポジティブで速攻力に優れています。ですから一人で何でもできるマルチプレーヤーが多く、柳井氏にはその特徴があります。

　もう一つの意味での「成長」とは、「お金を儲けることよりも中身が大事」と考える内面の成長のことです。この内面とは「人格・人間性」のことであり、普段の振る舞いにも自然とにじみ出てくるものです。その人の品格ともいえるもので、人志向の人物が他の志向に比べてとても大事にしている価値観です。以上から、柳井氏の理念を継ぐ次期後継者は、人志向の人物がふさわしいと考えられます。

　柳井氏が当たり前だと思っていることは、（内面：人志向・先端型）の人物がほぼ生得的に持つ資質なのです。

③ 女性CEO・赤井田氏とユニクロ新社長・塚越氏

2019年6月、ユニクロの日本事業担当として初の女性CEO赤井田真希氏が誕生しました。以下、それを伝える記事を掲載します。

「赤井田氏は2001年にユニクロに入社した。新潟県内の店舗を皮切りに、東京・銀座や中国・上海などの大型店で店舗の運営ノウハウを習得。直近では吉祥寺店（東京都武蔵野市）の店長を務め、全国有数の繁盛店を切り盛りする『やり手の女性』（関係者）として実績を積んでいった。

今年1月には新卒採用の女性社員としては初めて、ファストリのグループ執行役員に昇格した。ユニクロの日本CEOは長年、ファストリの柳井社長が務め、18年秋に代わったばかり。赤井田氏は執行役員への就任から半年足らずで、重要ポストに上り詰めたことになる」

（出典・「ユニクロ、日本CEOに初の女性」日本経済新聞・2019年6月15日掲載）

＜柳井氏と赤井田氏の「内面」比較＞

内面	3分類	6分類	12分類	2分類		4分類
柳井　正	人志向	日々向上型	先端型	希望型	現場型	突撃隊長型
赤井田真希	人志向	日々向上型	先端型	希望型	現場型	突撃隊長型

（敬称略）

赤井田氏の個性は（内面：人志向・先端型－外面：大物志向・敏感型）で、内面は柳井氏と同じです。柳井氏とは以心伝心、何も聞かずにわかり合える個性であり、使う言葉、行動や意思決定のスピード感もあり、経営も同じ方向を目指しています。

＜柳井氏と赤井田氏の「外面」比較＞

外面	3分類	6分類	12分類	2分類		4分類
柳井　正	城志向	勝負師型	実益型	希望型	現場型	突撃隊長型
赤井田真希	大物志向	権威型	敏感型	希望型	非現場型	参謀型

（敬称略）

外面は「大物志向・敏感型」なので、内外面とも柳井氏と同じ2分類の希

望型に属します。赤井田氏は上昇志向が強く、明るく何事にもポジティブであり、かつリーダーシップがあります。店舗改革および個店経営は細やかな感覚の赤井田氏の方が優れている面があり、彼女を国内店舗改革のトップに据え、減速気味の国内店舗の底上げをするための人選としては、個性學的に見てベストです。従って、彼女の例は今後の後継者選びの参考になると思います。

○ユニクロ新社長発表

　2023 年 8 月 28 日、FR は傘下企業ユニクロの社長として塚越大介氏の就任を発表しました。柳井氏のユニクロでの役職は会長兼社長から会長兼最高経営責任者（CEO）となりました。塚越氏にはユニクロの海外事業におけるさらなる成長を期待しているようです。

「ファストリは交代の理由について『各国・各地域の経営者と共に築く次世代経営チームおよび各部門が連携し合うグループ一体の全員経営体制づくりを加速し、経営の質を向上させていく』と説明している。　（中略）
　今回のユニクロ社長交代は『柳井氏の権限委譲や禅譲を見据えたものではない』（ファストリ関係者）との声があがる一方で、塚越氏については『有力な後継者候補の一人』との見方があった。塚越氏がユニクロ社長として経営手腕を発揮できるかが、ファストリが次世代の経営体制に移行できるかの焦点となる」

（出典：「ユニクロ社長に塚越氏、ファストリ柳井社長体制は継続」日本経済新聞・2023 年 8 月 28 日掲載）

○塚越氏の個性

　塚越大介氏の個性は（内面：人志向・配慮型－外面：城志向・独自型）です。以下、柳井氏と比較しながら個性を簡単に説明します。

＜柳井氏と塚越氏の「内面」比較＞

内面	3分類	6分類	12分類	2分類		4分類
柳井　正	人志向	日々向上型	先端型	希望型	現場型	突撃隊長型
塚越大介	人志向	日々向上型	配慮型	リスク型	現場型	前線部隊型

（敬称略）

　両者を内面で比較すると、その違いは2分類の希望型とリスク型・4分類・12分類であり、3分類・6分類・2分類の現場型は同じです。

　もう一つの2分類では希望型の柳井氏とリスク型の塚越氏、両者は個性の補完関係にあります。

　4分類における塚越氏の前線部隊型としての役割は、前へ前へと進む役割の突撃隊長型がやり残した仕事を丁寧に拾い集め、一つの形にまとめることです。従って、先端型の柳井氏にとって配慮型の塚越氏はこの上なくありがたい個性なのです。そして外面で比較すると以下のようになります。

＜柳井氏と塚越氏の「外面」比較＞

外面	3分類	6分類	12分類	2分類		4分類
柳井　正	城志向	勝負師型	実益型	希望型	現場型	突撃隊長型
塚越大介	城志向	己型	独自型	希望型	非現場型	参謀型

(敬称略)

　外面の3分類はともに城志向、そして2分類も希望型で同じです。城志向の役割は「お金と時間と寝る場所を作る」ということ、すなわち稼ぐ方法を具体的に考えられ、稼げることです。その点でも、両者は同じ方向を目指すことができます。

　塚越氏が外面に持つ12分類の独自型の特質は、他人とは違う独自性を重んじて外部の意見に影響を受けにくいことです。スピードは速くないものの熟考したアイデアは論理的で、どんな状況をも打開する知恵を持ち、大胆でユニークな発想の頭脳派経営者として頼もしい資質です。

　米国ユニクロの立て直し、新製品の開発の実績はその表れでしょう。

　FRの柳井氏は集団指導体制を模索されていますが、配慮型は今をしっかりそつなく守って次代に引き継ぐことが役割であり、未来を創造していく役割ではありません。

　その一方で、配慮型は基本的にポテンシャルが高く優秀です。どんな仕事でもしっかり結果を出すことができます。また、腰が低く相手によって自分を合わせていける交際上手なところがあり、人付き合いやものの考え方にも偏りがありません。客観的な判断や批評が的確で、社会情勢にも敏感なため物知りですが、自分が前へ飛び出してまで理想を目指すような押しの強さに

は乏しい個性です。

　従って柳井氏のナンバー2には申し分なく、FRが今後、現在のビジネスモデルで10兆円企業を目指すのであれば可能でしょう。しかし、FRが大きく変化しなければならなくなった場合には、それを断行する気概とパワーには少々欠ける面があります。それをふまえた後継者育成が必要だと思われます。三代目以降であれば、FRも急成長期から緩やかな安定経営の時期に入ることが予想されるため、その頃であれば配慮型社長も問題ないと思われます。まだ40代という若さの塚越氏ですので、焦る必要はないでしょう。

○以前の後継者候補の個性

　さて、過去にFRで後継者と目されていた3人の個性を確認し、それぞれ後継者に就かなかった理由についても考えてみましょう。

　かつては澤田貴司氏、玉塚元一氏、堂前宣夫氏の3氏が後継者候補として実務を担当しましたが、現在は3氏とも退社しています。

　柳井氏と3候補の個性を比較してみましょう。柳井氏以外の3氏は、内面の3分類が同じく大物志向です。

＜柳井氏と3候補の個性比較＞

氏名	内面		外面	
	3分類	12分類	3分類	12分類
柳井　正	人志向	先端型	城志向	実益型
澤田貴司	大物志向	敏感型	人志向	自然型
玉塚元一	大物志向	完璧型	大物志向	努力型
堂前宣夫	大物志向	努力型	人志向	配慮型

(敬称略)

○澤田氏の退任について

　上の表に記載はありませんが、澤田氏の内面（敏感型）は2分類では非現場型、4分類では参謀型です。意思決定と瞬間の行動特性は速いのですが、この個性にとって、毎日を目の回るような忙しさと超がつく成長スピードで過ごすことは難行苦行です。本質的に、柳井氏のような先端型のスピード感

覚についていける個性を備えていないのです。従って、超スピードで短期間に急成長する企業ではすぐにギブアップすることになります。

○玉塚氏の退任について

次に、玉塚氏の内面（完璧型）は2分類では非現場型、4分類は指揮官型であり、12分類の中でも忍耐強さはピカ一です。そして外面の努力型は、2分類では現場型、4分類は前線部隊型になります。ご本人は元ラガーマンであり、またトライアスロンにも挑戦されているとのことで、この努力型という個性にはぴったりのスポーツです。

体力面でも忍耐面でも人一倍優れているため、スピード経営で超多忙のFRのリーダーになることに問題ないように見えましたが、玉塚氏はFRの激動期である2002年からの3年弱で社長を務め、その後に退任しています。

退任理由として個性學の見地から考えられることは、二つあります。

理由の一つ目として、玉塚氏の個性（完璧型）が得意とする企業経営のスタイルが挙げられます。玉塚氏は完成した会社の緩やかな成長を促すマネジメントこそがふさわしく、急成長する激動期のマネジメントには適していない傾向にあるのです。

もう一つの理由としては、やはり柳井氏の経営スピードについていけなかったということです。どれほど我慢強く努力家であっても、先端型の柳井氏のナンバー2の役割を果たせる適性と馬力がなければ、自身の許容範囲を超えオーバーヒートしてしまうのです。

○逆境で力を発揮する堂前氏

そして最後の堂前氏の個性（内面：大物志向・努力型－外面：人志向・配慮型）ですが、内外面とも2分類が現場型かつリスク型であり、4分類では前線部隊型です。この個性であれば柳井氏の右腕として職務を遂行することは問題ありません。そして内外面の個性それぞれが現場型の柳井氏と同じパワーを備えているため、柳井氏にとってありがたい存在といえるでしょう。

そうしたこともあり、1998年より15年以上もFRに在籍することが可能だったのです。しかしながら、柳井氏の人志向➡堂前氏の大物志向という序

列は逆サーキュレーション（第1章28ページ参照）に当たるため、大物志向の人物が人志向の人物の下で長期的に働くことは至難の業です。

　ましてやナンバー2、3という立場ともなれば、お互いの関係は長続きしないものです。それでも、15年以上ともに働いて結果を出し続けたということは、両氏の経営者としてのレベルの高さの賜物でしょう。

　その一方で、堂前氏も自らを表現する場所が与えられたなら、次のステージを断る理由はないでしょう。堂前氏は現在、良品計画の社長に就任しています。

　これまで学んだこと、経験したこと全てを土台にして、天分経営（堂前氏自身の個性をもとにした経営）を目指すことに私は大賛成です。

　堂前氏は1998年に入社していますから、玉塚氏と同様の経験をしていますが、「ユニクロも僕も大変、でも大チャンス」と言える人です。なぜなら4分類の前線部隊型グループ（12分類の夢想型・努力型・配慮型）はトラブルや有事などの逆境にあっても、猛然と問題解決に取り組んで大車輪の働きができます。中でも努力型の人は危機が生きるエネルギーになりますから、「危機こそ大チャンス」と思うことができる個性を備えていたのです。

　柳井氏の右腕としては理想的で、堂前氏にはあれこれ指示する必要もなくただ任せておけばしっかり結果をアウトプットしてくれたことでしょう。

○内面が先端型の経営者が望まれる

　従って柳井氏の後継者としては、先端型の個性の強み＋具体的な以下の条件を兼ね備えている人材が求められます。先述した後継者の資質を以下に再掲します。

　①根源的に考える能力があること
　②10年以上FRで働いていること
　③柳井氏の基本的な考え方を理解して体現できること
　④チームで戦える人であること
　⑤リーダーとして周囲の支持を集められること

　結局、内面の12分類が自身と同じ先端型でないと柳井氏は満足できないのではないかと私には思われます。実際に、急成長している企業には内面が先端型の創業者が多く見つかります。

　そしてまた、世界一を目指すFRの後継者に必要な資質として、柳井氏に勝るほどの「世界一の負けず嫌い」でなければならないと私は思います。

　最後に、個性の内面が柳井氏と同じ（内面：人志向・先端型）の創業経営者を以下にまとめておきます。

＜内面：人志向・先端型の創業経営者＞

企業名	創業者名	内面		外面	
		3分類	12分類	3分類	12分類
マイクロソフト	ビル・ゲイツ	人志向	先端型	人志向	先端型
アップル	スティーブ・ジョブズ	人志向	先端型	城志向	実益型
ニトリ	似鳥昭雄	人志向	先端型	城志向	実益型
青山商事	青山五郎	人志向	先端型	人物志向	挑戦型
コスモス薬品	宇野正晃	人志向	先端型	城志向	実益型
大創産業	矢野博丈	人志向	先端型	人志向	実績型
ジンズホールディングス	田中　仁	人志向	先端型	人志向	自然型
バルミューダ	寺尾　玄	人志向	先端型	人志向	自然型

（敬称略）

61

3 ソフトバンクグループの 後継者選び

　本節ではソフトバンクグループ（以下 SBG）の後継者について考えます。

　孫正義氏（内面：大物志向・完璧型−外面：城志向・独自型）の偉業の原点には「人生 50 年計画」があります。

　孫氏は弱冠 19 歳の青年時代から、以下の計画に基づいて事業を行ってきたそうです。大物志向にとって、人生で一番大事なことは明確な目標を立てることです。それも短期中期長期にわたっての目標があれば、さらに有効です。

　20 代で、自ら選択する業界に名乗りを上げ、会社を起こす。
　30 代で、軍資金を貯める。軍資金の単位は、最低 1 千億円。
　40 代で、何かひと勝負する。1 兆円、2 兆円と数える規模の勝負をする。
　50 代で、事業をある程度完成させる。
　60 代で、次の世代に事業を継承する。

　1981 年 9 月に 24 歳で日本ソフトバンク（現 SBG）を設立し、代表取締役社長に就任。そして、世界的に有名な兵法書『孫子』からピックアップした言葉に、孫氏が独自に考え出した「オリジナルの言葉」を組み合わせた「二十五文字」の「文字盤」で表されている「孫の二乗の法則」を実践し、成長を続けてきたといわれています。

○SBGの後継者を考える

　SBG は、2018 年 6 月に 3 人の副社長が誕生したものの、2022 年 8 月に 3 人目ラジーブ・ミスラ氏が副社長を退任したことで全員が退任となりました。

　また、SBG の後継者候補は 2023 年 12 月時点では公表されていないため候補者の適否を考えることができませんが、これまで SBG では後継者候補が全員短期間で退任、退職しています。その原因を明らかにすることで、孫氏が期待する後継者像を明らかにできるかもしれません。

1 副社長が相次いで退任

　SBG は 2015 年以降、副社長にニケシュ・アローラ氏、マルセロ・クラウレ氏、佐護勝紀氏、ラジーブ・ミスラ氏が就任し、結局は全員退任しました。それぞれの就任および退任理由をみましょう。

○ニケシュ・アローラ氏

　ニケシュ・アローラ氏は 2015 年 6 月に副社長に就任し、2016 年 6 月に退任しています。

　さらなる事業拡大に向けて進んでいく同社にとって、アローラ氏を超える逸材は考えられなかったようで、以下プレスリリースのコメントからも有能な経営者を迎えられたことの喜びが伝わってきます。

　そして、その報酬も 2015 年 3 月期に 165 億円あまりという、孫氏の期待を表す破格なものでした。

　「幸運なことに 5 年前の出会いから、ニケシュと私は交流を続けてきました。彼は貴重な能力を有しています。財務や事業戦略に関する驚くべき眼識だけでなく、歴史上最も急激に成長した会社の一つで 10 年にわたり積み重ねた経営陣としての経験、通信事業に係る豊かな知見を活かして、ソフトバンクをさらなる成長に導いてくれると信じています。次の株主総会で、ニケシュをソフトバンク株式会社の取締役候補にしたいと考えています」

（出典：「ニケシュ・アローラ氏のソフトバンクへの参画について」ソフトバンクプレスリリース・2014 年 7 月 18 日付）

　これほどまでに期待したアローラ氏を取締役および副社長に 2 期目として再任しなかった理由は明らかでなく、アローラ氏に関する解説は控えることにします。アローラ氏の個性は（内面：城志向・実益型－外面：大物志向・努力型）でした。

○3 人の副社長が同時に就任

　アローラ氏の退任後、2018 年 6 月 20 日マルセロ・クラウレ氏、佐護勝紀氏、ラジーブ・ミスラ氏の 3 人が副社長に就任しました。その理由を個性學

的に考えるため、孫氏を含め候補者3人の個性を見てみましょう。

＜孫氏と3人の副社長＞

氏名	内面		外面	
	3分類	12分類	3分類	12分類
孫　正義	大物志向	完璧型	城志向	独自型
マルセロ・クラウレ	城志向	悠然型	大物志向	完璧型
佐護勝紀	城志向	悠然型	人志向	自然型
ラジーブ・ミスラ	人志向	先端型	人志向	自然型

(敬称略)

○マルセロ・クラウレ氏の退任

　2022年1月28日、SBGはマルセロ・クラウレ副社長兼最高執行責任者（COO）の退社を発表しました。

　クラウレ氏は2018年5月にSBGのCOO、同年6月に副社長に就任しました。また翌2019年にはソフトバンク・イノベーション・ファンドのCEOに、同年10月にはウィーワークの会長就任と順調に出世の階段を上がってきた印象です。

　二人の個性を見ていきましょう。

＜孫氏とクラウレ氏＞

内面	3分類	6分類	12分類	2分類		4分類
孫　正義	大物志向	権威型	完璧型	リスク型	非現場型	指揮官型
マルセロ・クラウレ	城志向	己型	悠然型	リスク型	非現場型	指揮官型

(敬称略)

　ともに役割の4分類は指揮官型、そして孫氏の内面12分類とクラウレ氏の外面12分類が共に完璧型、表にはありませんが、孫氏の外面6分類とクラウレ氏の内面6分類（人生のコンセプト）が己型です。

　確かに二人は個性學的にも非常によく似た特徴を持っていますし、以下の記述にもあるように、実際に馬が合ったようです。

　「あと、僕達は2人とも勝つことが好きだ。ただ、結果的に経済的に成功したが、決して金のためにやってきたのではなく、『勝利のスリル』のためにやっ

ている。また、従来のやり方を変えることに挑戦するのが好きなんだ」

「彼は先を見極めるという、数少ない人だけが持つ能力を備えている。そして、いつも次の段階を考えているような人だ。多くの人は、自分がやってきたこと、成功してきたことに喜びを覚えるが、マサはそのときにはすでに次のステップを見ている。マサという人は、僕が今まで会った中で、最もユニークな人だ」

「僕の人生で大事なのは、家族と仕事、そしてサッカーチーム。このバランスは取っていきたい」

（出典：「ソフトバンクの新副社長、マルセロ・クラウレ氏とはどんな男か」ダイヤモンド・オンライン・2018年6月21日掲載）

○孫氏とクラウレ氏の考え方の違い

そもそも、孫氏の内面の3分類は大物志向で12分類は完璧型です。さらには6分類が権威型ですから、「私は天下の孫正義である、つべこべ言わず私の言葉を拝してその通りにやりなさい」といったポリシーです。

一方、クラウレ氏の内面の3分類は城志向です。ニデックの節でもお伝えしたように、城志向のライフスタイルは「しっかり稼いで」「好きなことを好きなときに好きなだけ楽しむ」ことですから、クラウレ氏も自分の頭で考えて、しっかり稼いでその過程を楽しみたいのです。

なおかつクラウレ氏の12分類は悠然型です。悠然型は役割と割り切れば好きでないことでもできる個性ではありますが、基本的には自分の興味のあることしかやりません。

そして二人の役割の4分類は同じく指揮官型になります。孫氏とは権限の移譲についてたびたび衝突したことでしょう。悠然型は自分の思うようにできないのであれば働く意味はないと考えるので、クラウレ氏の退職は時間の問題でした。

そして報酬の面でも、城志向はあくまで実力主義で評価を求めます。自己責任でやり抜く代わりに、自由に仕事をさせてくれることが条件です。

「しっかり稼ぐために自分の思うように仕事をさせてほしい。儲かったらたくさん報酬をください」という仕事のスタイルです。

こんな記事があります。

「ソフトバンクグループ（SBG）のマルセロ・クラウレ副社長執行役員最高執行責任者（COO）が1月27日付（2022年）で電撃的に退社した。クラウレ氏は孫正義会長兼社長の右腕として知られる存在だった。

　欧米メディアによると、クラウレ氏がスプリントの立て直しなど自身の功績を主張して最大10億ドル（約1150億円）の報酬と自ら率いる中南米向け投資ファンドの独立を求め、孫氏と衝突していたという」

（出典：「ソフトバンクG、幹部が次々と退社の異常事態…アーム社売却も失敗、前途に暗雲」Business Journal・2022年2月11日掲載）

　日本ではこうした主張はいかがなものかと思われますが、クラウレ氏にとっては当たり前のことです。まさに大物志向と城志向の個性の間で起こることが現実になり、二人の袂を分かつ原因にもなったのでしょう。

○佐護勝紀氏の退任理由

　SBGは2021年3月5日、副社長の佐護勝紀氏が3月31日付で退任することを発表しました。退任は佐護氏からの申し出によります。SBGにおける佐護氏に関する情報を得ることができませんでしたので解説を控えます。

　とはいえ佐護氏、そしてクラウレ氏はともに内面が城志向です。とすれば、孫氏との間で起こりうる問題は権限委譲と報酬に対する考え方の相違であり、それはクラウレ氏の項目でも述べた通りです。内面が大物志向である孫氏の後継者として、城志向の人材はそぐわないようです。

○ラジーブ・ミスラ氏の退任理由

　SBGは2022年8月31日、ラジーブ・ミスラ副社長が同日付で辞任することを発表しました。ミスラ氏は自らの投資ファンドを設立する方針で、準備時間を確保するために辞任を申し出たということでした。

　ミスラ氏は2014年にSBGに入社し、2017年からSVF（ソフトバンク・ビジョン・ファンド）の運営会社の最高経営責任者（CEO）に就き、2018年からはSBGの副社長も兼任し、まさに孫会長兼社長執行役員と二人三脚で巨大ファンドを立ち上げてきました。

「──なぜソフトバンクの経営に参画することを決めたのですか。

　それは孫正義社長がいるからです。私にとってお金や地位より、知的な刺

激を受けて、日々の仕事を楽しめることが重要です」

（出典：「ソフトバンクの新副社長、ラジーヴ・ミスラ氏が語る孫社長との出会い」ダイヤモンド・オンライン・2018年6月22日掲載）

64ページ表にあるようにミスラ氏の内面の3分類は人志向、12分類は先端型です。人志向はお金や規模や地位ではなく「人」についていきます。そして、その相手は知的な刺激を受け続けられる人でなければなりません。さらに先端型は「日々自分の成長」が感じられることが仕事を選ぶ際の重要なポイントですから、インタビューの言葉はミスラ氏の素直な入社動機なのです。

○ 「守り」のマネジメントに適さない個性

内面が人志向であるミスラ氏にとって、仕事に求めることは「人間としての成長」です。前述のインタビュー通り「孫氏がいるから」という入社の動機は人志向の基本となります。一方でミスラ氏は先端型でもあり、何事においても吸収と消化が速く、終われば次へと進んでいくそのスピードは、他の個性に比べて桁違いに速いのです。

「こうしたい」という何かが見つかれば居てもたってもいられず、瞬時にそちらに移ってしまうといっても過言ではありません。

ミスラ氏は2014年にSBGに入社以降、自分の思い通りに仕事ができて結果もついてきたことでしょう。それは8年間という在籍期間の長さが物語っています。

しかしSBGは2022年に巨額の赤字を出し、同年以降は「守り」に重点を置いたマネジメントにシフトしなければならなくなりました。しかし、ミスラ氏の個性の12分類（内面：先端型－外面：自然型）は攻めには強いものの、守りにはめっぽう弱いのです。

従って、守りに重点を置くマネジメント環境は自身の活躍できる場所でないと考え、新たにミスラ氏が自身の強みが発揮できる環境、必要とされる環境を求めたとしても、何ら不思議ではありません。

ミスラ氏の個性の場合、そう思うことは至って自然です。そして、思い立ったら躊躇せず即行動に移せるのが先端型なのです。そのメンタリティは、先

端型を含む突撃隊長型グループの特徴です。しかし、2022年以降のSBGの守り優先の経営環境で、ぐっと踏ん張れる個性ではなかったということです。

　人間には、役割というものがあります。リスクマネジメントが得意な個性、危機になればなるほど燃えて困難に取り組む個性、その一方で危機になればさっさと環境を変える個性もあるのです。

　ミスラ氏は希望に燃える思春期のような感覚で、颯爽と生きたいのです。それが今回の退任の大きな理由の一つだと私は考えます。

　そしてまた、投資が巨額になり過ぎて自分のキャパシティを超えてしまったこともあるかもしれません。器の大きさでいえば、なんといっても完璧型が最上です。完璧型の孫氏のキャパシティの範囲であっても、先端型のミスラ氏にとってはコントロールが難しくなり、これ以上は無理ということになったのではないでしょうか。

2　SBG 後継者の条件

　2021年5月、孫氏はSBGの後継者の条件について、次のように述べています。

「自身の後継者について『一番難しいのは継承』と述べた上で、『並走していく期間はできれば10年近く欲しいから、早く見つけなくてはいけない』との考えを示した。

　後継者の条件については技術に対する強い関心や意欲を持つほか、ファイナンスへの理解、投資チームや管理部門など『全体を掌握できるリーダーシップ』が必要と指摘。『起業家がやることを理解し、エンカレッジ（激励）するバランスを持って見られる能力』も挙げた。一方で、情報革命に一点投資する方向性は既に明確で、『新しいビジョンはそれほどいらない』とも述べた」

（出典：「ソフトバンクGの孫社長、後継者問題『難しい』―早く見つけなくては」ブルームバーグ・2021年5月13日掲載）

　孫氏が後継者に求めるスキルとして、私は個性學の見地から以下の5項目をリストアップしました。

①技術に関する強い関心

②ファイナンスへの理解

③全体を掌握できるリーダーシップ

④起業家の意欲を理解する

⑤投資家をエンカレッジすること

私としては、以下の見解です。

①と②に関しては、勉強して現場に入れば問題ない。

③リーダーシップのある人材は SBG の中には無数にいると思われる。

④自分が起業した経験が必要。

⑤投資家を適切にエンカレッジするための肝の据わったコンサルタント的
　資質が必須。

　私自身は小さいながら２社を起業し、社長経験は45年、コンサルタント経験は36年を超え、今も現役です。現在の生業の一つは社長向けのコンサルタントであり、もう片方は人間特に経営者の内面の研究者です。

　そうした経験から提言します。①〜⑤のように異なる優れた資質を一人で全て備えた後継者は簡単には見つからないでしょう。従って、そうした人を後継者にすることをいったんあきらめることによって、はじめて新たな発想や方策が生まれるものと信じます。

○完璧型という個性について

　人志向、城志向、大物志向の３分類には、それぞれ四つの個性（12分類）が存在します。そしてこの３分類には１個性ずつ、大型経営者（一代で巨大企業を成す）に向いている個性があります。

　あまり実用的ではないため本書では詳述しませんが、大物志向の分類では完璧型がそれに当たります。ビジネスの視点でいえば、（内面：大物志向・完璧型）の生得的な役割の特徴は、大企業の役員、さらには社長職や会長職のようなポジションです。

　現代は大企業がたくさんありますから、一から創業する必要はありません。完璧型の大型創業社長は少なく、近年の大企業では孫氏の他には見当たりま

せん。海外では皆さんがよくご存じのアマゾン創業者ジェフ・ベゾス氏がその人です。

　完璧型が元来備えているエネルギーは、経営者だけでなく他の分野においても突出しているようで、スポーツ界の成功者やオリンピックの金メダリストなどにも存在します。

　最後に、私はSBGの後継者の条件として、さらにもう一つを付け加えたいと思います。それは「運」というものです。それも「幸運」や「強運」では足りず、「豪運」のレベルでなくてはなりません。

　ある意味これは、個性や能力よりも重要な資質だと考えています。なぜなら能力のある人など、SBG社内にはごまんといらっしゃることでしょう。しかし「幸運・強運のさらに上の豪運」の持ち主にそうはお目にかかれません。

　その見本は「孫正義氏」その人です。それほどに、SBGの後継者を見つけることは至難の業だと思います。

　心よりご健闘を祈ります。

第3章

私が経験した
後継者問題 10事例

1 | 個性學が実施する
事業継承のコンサルティング

　私が日本個性學研究所を創設して 38 年が過ぎました。この間にどれだけ
の経営者がコンサルティングを受けにご来所されたことでしょう。私のコン
サルティング内容は経営・人事だけにとどまらず、親子問題、健康問題、お
子様の結婚相手選び、子育てなど多岐にわたっています。

　その理由は、個性學が人間学そのものだからです。企業も、家庭も、社会
も、皆人間の集団です。そして、そこで起こる様々な事件や問題の原因は、
私たち人間同士のやり取りに起因しているからです。

　企業経営で最も難しい経営判断とマネジメントが必要とされるのは、後継
者の決定、育成、そして交代の時期についてです。そして、後継者が一人前
になるまでの見守り期間や、新社長への継承後、創業者が抱く様々な思いや
葛藤、そして後継者との軋轢も見逃せません。

　継承の仕方は一つではありません。社歴、業歴、業種、地域、年齢、後継
者の能力その他多くの要素があり、コンサルティングは簡単ではないものの、
私には個性學という伝家の宝刀がありますから心強いものです。

　そして私自身が創業者、経営者として 45 年を超える実績があり、経営上
の上り坂、下り坂、「まさか」を何度も経験しています。顧問先企業の業種
や規模は大・中・小・零細など多様であり、女性経営者も多くいらっしゃい
ます。

　本章ではその具体的な事例を紹介しますが、私が直接かかわった企業とは、
業種や商圏を明らかにすれば企業名や当事者が判明してしまう規模の会社で
す。そのため、本書では具体的な企業名ほかの詳細を伏せつつ、事業継承の
仕方のみを「個性學の視点」で紹介させていただきます。

　　継承の仕方は、次の３パターンで説明します。

１）同一志向の継承

２）順サーキュレーションの継承

3）逆サーキュレーションの継承

　上記をもとに、大企業社員から中小企業を継承したケース、最後に女性経営者が継承したケースを含め、合計10社の事例を紹介します。

　サーキュレーション（意思伝達の方向性）についての詳細は、第1章28ページをご参照ください。

〈本文中の「個性」の表記について〉

一部を除き（内面：3分類・12分類 − 外面：3分類・12分類）の順番です。また、本文中に○○型と出てくる場合、特に表記のない限り内面の12分類を指しています。

1）同一志向の継承

　同一志向の個性とは順サーキュレーションの一種で、前社長と新社長の内面の個性の3分類が同じであるため継承がうまくいきます。

　具体的には、内面の3分類が以下の3種の継承タイプです。

　・（人志向➡人志向、城志向➡城志向、大物志向➡大物志向）3種

2）順サーキュレーションの継承

　順サーキュレーションもまた、継承がうまくいく場合です。

　具体的には、全部で以下の3種があります。

　・（人志向➡城志向、城志向➡大物志向、大物志向➡人志向）3種

3）逆サーキュレーションの継承

　逆サーキュレーションは、継承がうまく運ばない場合が多くなります。

　具合的には、全部で以下の3種があります。

　・（大物志向➡城志向、城志向➡人志向、人志向➡大物志向）3種

　事業の継承がうまくいった場合、それはサーキュレーションの影響だけでなく、多くの要因がかかわっていることは言うまでもありません。ただ、サーキュレーションの関係がそれを後押ししていることも否定できません。

　順サーキュレーションの場合であれば水が上から下へ流れるがごとくス

ムーズに上意下達が行われ、またその逆であれば、伝えたいことが理解されにくかったり、いちいち反発されたりする原因にもなるのです。

　この法則は事業継承のみならず、ビジネスのあらゆる上下関係に作用し、さらには同僚、友人、家族関係にまで当てはまる不思議な作用なのです。

1　T社の事例　無言の継承

○同志向の個性（順サーキュレーション）で継承する

　・父親（内面：城志向・独自型－外面：人志向・先端型）
　・息子（内面：城志向・実益型－外面：城志向・実益型）

　T社の社長とは10年を超える長いお付き合いですが、それまでご子息についての話はほとんどお聞きしたことがありませんでした。

　毎月コンサルティングのためにご来所いただいていましたが、ある日のこと、「先生、今月は会社に来てほしいです」と連絡をいただきました。何事かと思って訪問したところ、その社長は今までに見たことのないほどに生気がなく、青白い顔色をされています。

　その訳は「大量の吐血をして入院していましたが、3日前に退院したばかりです」とのこと。そして、「息子が家に寄り付かないし、自分の話を全く聞こうともしない。事業を継ぐ様子もない」と言われるのです。

　実をいうと、その創業社長は健康に不安を抱えており、自分が元気なうちに1日も早く息子に後を継いでほしい、継いでもらいたいと長年にわたって悩んでいたそうです。そして、どうしたら息子が後を継いでくれるのか、さんざん思い悩んで、命がけの賭けに出たというのです。

　社長曰く「俺が死ねば長男も会社を継がざるをえないだろう。だから命を賭しての一世一代の大芝居を打ったんだ。日ごろいくら家に寄り付かない長男であっても、親父の生死が不明と聞けば、さすがに見舞いに来ないでは済まされないだろう」とおっしゃったのです。

　普段は寡黙で多くは語らない社長からのこの言葉に、私は大変驚きました。

そんな、漫画でもあるまいし、命がけの芝居を打つなんて……。私は唖然としました。

その甲斐あってか、長男は病床で仕事ができない父に代わって即座に会社に入り、陣頭指揮を執り始めました。無茶苦茶ではありますが「無言の継承」が成功したということになります。

○城志向の「競争力」を土台に、実益型の「成長力」で事業を伸長

このケースは父親である社長が突如いなくなっても、息子さんがそれまで十分に経営できるところまで準備をされていたからこその継承です。荒療治による継承ですし、真似することはおすすめできません。

この親子の間で社長の座がスムーズに継承された理由の一つとして、父と息子が両方とも城志向であるため、経営における利益方程式（利益＝売上－経費）の基本的な考え方が同じだったことが挙げられます。

城志向の特徴に「競争力」があります。経営者であれば価格で勝負する、つまり原価を他社よりも低く抑えて価格で勝つための意思決定をするということです。新社長である息子さんはこのスタイルを迷いなく継承できる個性を備えていました。

さらに、新社長は内面の12分類が実益型であり、経験したことを次々に身に付けていく「成長力」を備えています。そのため就任後、独自型に属する前社長よりも効率的でスピーディーな経営に変化し、会社の規模もさらに大きく成長させることができました。

こうして無事に継承が行われた後で、前社長は会長に就任され、毎日出社しては工場の周り（工場の中ではなく）の掃除と草むしりをされるようになりました。会長は「新社長から報告を聞くことはあるが、自分からは息子には何も注文はしない」と言われました。

会長はお友達も少なく、趣味や楽しみもお持ちではなく、いきなり隠居してしまうと一気に老け込み健康も損なわれる可能性が高いでしょう。私は会長に、息子さんの成長を楽しみにしながら、一日でも長生きをしていただきたいと思いました。

そして「毎月コンサルの日をしっかりと設定すれば、その日を目標に準備

されるだろう」と考え、毎月決まった日に会長にご来所いただきました。

　当時、私の研究所は京都にあったため、春には鴨川や哲学の道の桜、秋には嵐山の紅葉、冬になれば祇園のお茶屋遊びを楽しむなど、会長の体調が許す限りコンサルを続けさせていただきました。

　そうするうち、会長は京都までおいでになれなくなり、私の方から会社近くまで伺ってコンサルを続けました。長年の関係がありますからお会いするだけでもう言葉はいらず、お顔を拝見するだけで十分でした。

　お顔を拝見する、それは私がコンサルで毎月顧問先の社長にお会いする際の基本姿勢なのです。

② S社の事例　俺がやる！

○同一志向の個性（順サーキュレーション）で継承する

　・父親（内面：城志向・独自型－外面：人志向・自然型）
　・息子（内面：城志向・実益型－外面：人志向・実績型）

　国内外で多店舗展開（150店舗）をしている外食チェーン企業S社の事例です。このケースは事例1と同じく、親子が全く同じ個性の組み合わせによる継承でした。

　創業社長である父は、この仕事を始めるまで何をやってもうまくいきませんでした。しかし、奥様が経営するお店を手伝い始めるうちにご自身のアイデアが採用されて、それをきっかけに大成功されました。

　飲食業の家庭では、両親共にお店を営む多忙な生活を送らざるを得ず、子どものことまで手が回らなくなって親の言うことを聞かない子どもが育ち、その子どもは唯一のコミュニケーションとして、親に迷惑をかけて叱られることを求めてしまう――。

　そんなケースがたびたび見受けられます。

　親に心配をかけて、何かと叱られることが目的ですから、子どもは年齢を

重ねても自立せず、自己管理がずさんになっていくでしょう。そればかりか、不良仲間と悪事を重ねて学校を中退することなどもよく聞く話です。

　皮肉なことに、経営が安定すれば今よりも子どもとの時間が取れると考え、一生懸命に努力して会社は安定しても、社長はますます多忙になり、子どもとの距離がさらに離れていくという悪循環が生まれます。子どもも小学生、中学生、そして高校生と成長していくうちに、良いことも悪いことも覚え、より悪くなることも少なくありません。

○息子から突然の結婚宣言、父親は即断即決

　S社の業績は順調に伸びて、店舗もさらに増設し、従業員も100名、200名を超えていきました。また社長の下に専務、常務、取締役などの組織階層も確立されるなど、その経営は安泰であるかのように見えました。

　そんな中で社長（父親）は、全く働かない“ドラ息子”を工場長に据えていたのです。息子さんはろくに仕事もせず、夜な夜なスナックでお酒を飲み明かす日々を送っていましたが、どういうわけか個性學が気に入って、私の全てのセミナーを社長と他の社員と3人で受講されていました。

　セミナー後、いつも必ず社長と食事に行きましたが、そのときは常に息子さんも同席されていました。こんな状況が数年間にわたって続いたため、私はお会いする度に、この親子は今後どうするつもりなのだろうと心配していました。しかし、こちらからお考えを伺うこともありませんでした。

　ある日、セミナーを終えて食事に行くため、社長と息子さんと3人でタクシーに乗っていたときのことです。

　息子さんから「彼女が待っているから、乾杯したらすぐに退席したい」と告げられて、私はピンときました。そこで息子さんに、彼女を食事に誘ってもらうことを提案したのです。社長も同席を即決されたため、息子さんの彼女は私たちと合流しました。

　私は彼女が着席するや否や「彼と結婚したいですか？」と尋ねました。すると、彼女からは「ハイ！」と明快な返事が返ってきました。

　取り急ぎ彼女の個性を確認したところ、その息子さんのお嫁さんになるにはちょうど良い個性であることがわかりました。

私「じゃあ結婚してください。おっと社長、それでいいですか？」
社長「いいでーす！」

　この社長（父親）はすごい人です。「おめでとう！」とその場で若い二人を祝福されて、結婚が一瞬で決まってしまいました。きっかけを作ったのは私でしたが、私が社長なら、さすがにこの状況で「おめでとう！」とは言えません。なにしろ、何も知らない女性との縁談なのですから。こうして、息子さんの無言の結婚宣言は見事に成功したのです。

　そしてここからがさらにすごかったのです。お父さんは息子のために来賓200人を超す盛大な結婚式を挙行されました。そしてその席で、花婿である息子さんは「こんな俺のために、本当にありがとう」と、これまでの深い反省と感謝の言葉を述べられました。その夜の二次会では、なんと1,000人の大宴会が繰り広げられたのです。

○父親の独自型と息子の実益型が見事に合体

　それからほどなくして、息子さんは突如「俺がやる！」と決意し、専務以下の役員を全員解任した後で、副社長に就任されました。

　理由を聞くと「今の役員は誰も責任を取らないからです」「役員は平日でもゴルフばかりしている」とのことでした。毎日ブラブラしているように見えて、実は日ごろから会社の状況をしっかりと把握していたのです。そして社長には「会社は俺がやるから、もう前に出なくて大丈夫」と伝え、一切の権限と責任を背負って立ち上がりました。

　とはいえ、自分はあくまで副社長のままです。「急に仕事がなくなって親父がボケたら困るから、社長のままいてほしい」と、父親想いの息子さんでした。

　S社では心機一転、副社長のもとで大改革が始まりました。

　社長の12分類は独自型でしたが、息子さんは実益型です。息子さんは就任後、即座に個性學の天分経営、つまり個性を活かす経営を実行されました。その後に私が本社に行くと、どこもかしこも無駄が全くない状況に驚きまし

た。随所に実益型の個性が表れており、実に気持ちがいい会社になっていたのです。

例えば、広い事務所には机がたくさん設置されていましたが、蛍光灯がついているのは社員が席に座っているその頭上だけで、誰もいないエリアはきちんと消灯してあります。蛍光灯には一灯ごとに長い紐が垂れていて、席を外すときには必ず明かりを消すようルール付けされていたのです。

毎日仕事をせずに酒ばかり飲んでいるドラ息子と思われていた副社長ですが、実は会社の改善点を調べあげて、その対策を入念に立てていたのです。そして、しっかりとイメージが出来上がるや否やクーデターを敢行しました。父と子の深い無言の愛情の連携が、息子の蘇生と後継を見事成功に導いたのだと私は思います。息子以外は誰も想像していなかった、まさに満塁逆転ホームランの継承でした。

さて、この事例も事例１と同様に、内面が「城志向・独自型」の父親から「城志向・実益型」の息子への継承です。

独自型の経営は、他社が真似のできない商品をもとに勝負しますが、実益型は安い・早い・旨い、いわゆるコストパフォーマンスを追求した優良商品で勝負します。こうした違いはあるものの、商品をそのままにして徹底した原価や経費削減を行った結果、Ｓ社はより強い企業体質を構築することができたのです。

こうして、父親の独自型と息子の実益型が見事に合体しました。飲食業界はもともと競争の激しいビジネスで有名ですが、オリジナリティとコストパフォーマンスを兼ね備えたＳ社の経営は盤石です。

TT 社の事例　待てない父親

○**同志向の個性（内面の3分類・6分類が同じ）で継承する**

　・父親（内面：城志向・勝負師型・実益型－外面：大物志向・希望型・敏
　　感型）
　　　　　　　　　　　　　　　　　　　　　　　　　　　　（2分類）
　・息子（内面：城志向・勝負師型・夢想型－外面：大物志向・リスク型・努
　　力型）
　　　　　　　　　　　　　　　　　　　　　　　　　　　　（2分類）

　TT 社は多店舗展開（50 店舗）の外食チェーン企業で、親子ともに内面の
3 分類が城志向、6 分類が勝負師型という継承ケースです。ちなみに、2 人
の違いをより明確にするため、この事例のみ 6 分類を取り上げています。

　個性の内面の 3 分類が城志向の社長にとって、経営の目標はとにかく儲か
る会社にすることです。儲からなければ会社をやる意味がないとまで考えま
す。そして、意思決定を司る内面の 6 分類が勝負師型であるため「人生は勝
負だ」と考えて、内面の 12 分類が実益型ですから、やるからには「全戦全勝」
を目指して勝負します。

　一方で、夢想型はマイペースなマラソンランナー型であり、途中はどうで
あれ「最後に勝つ」を目指します。

　父（実益型）である前社長の「全戦全勝」を目指す経営とは「短期決戦に
勝ち続ける経営」を意味しています。そのためには、社会の変化をいち早く
捉え、勝つための戦術を考えつつ、即座に経営に反映させていく「適者生存
の変革力」が強みです。従って、倒産の心配は少なくなります。

　一方、息子（夢想型）の「最後に勝つ」を目指す経営とは「長期戦略を掲
げた経営」です。次代へ向けた準備を怠らず、タイミングを重視しつつ、着
実に自分の夢を実現していきます。

　中小企業の社長は 20 年、30 年と長期にわたって経営を続けなければなり
ません。その間には大雨や嵐や台風や地震、はたまた恐慌や戦争だって起こ
りえます。社長がその大望を実現するためには、たとえ小さい会社であって

も大型客船を航行させるくらいの気概と覚悟が必要です。

　一昔前まで、企業では短期的視野よりも長期的視野を持った経営者が安心、信頼されていたものです。けれども現在のように変化の激しい時代では、短期的、中期的事業に注力する経営者が社会から求められています。

　幸いなことに飲食業界は、今のところテクノロジーによって一気に根本からシステムが変わることはなく、中期、長期戦略も比較的考えやすいビジネスであるといっていいでしょう。

○猛スピードで進む父親とコツコツ進む息子

　TT 社の社長である父とその息子の継承を個性學的な観点で見た場合、業種も業態もそのまま引き継げる嬉しい個性の組み合わせといえます。さらに、後継者の息子さんは、TT 社を長期的にしっかりとした企業へと成長させることができる個性の持ち主です。そういう意味で、前社長にとってこれ以上ありがたい後継者はいません。

　しかし、それらの好条件を実感するまでには、様々な障壁が立ちはだかるでしょう。この親子は城志向、勝負師型と内面の３分類、６分類が同じであり、基本的な価値観や人生への姿勢に差はありません。最も大きな差は、実益型と夢想型という内面の 12 分類の意思決定、行動特性、役割に表れます。

　実益型の父親は即断・即決・即行動が特徴で、どの個性よりも経済環境の変化を早く察知する能力があるため、「自社において今、何をするべきか」を考えてすぐに手を打てる人です。さらには、行動力を司る外面の２分類、12 分類も希望型の敏感型ということで、この個性の人はリスクという言葉を知りません。「やってみないとわからない！」と後先を考えずに猛スピードで行動できて、「今」にエネルギーを注ぐことが得意な人なのです。

　一方、息子さんの 12 分類は、内面が夢想型、外面が努力型であり、上記に記載はありませんが２分類が内外面ともにリスク型です。この組み合わせは、新しい取り組みには石橋をたたいても渡らないというほど慎重に臨みます。イメージを容易にするために数字で示すなら、父よりも 100 倍以上慎重な個性です。そして、その頃の新社長は経営全般について猛勉強中で慣れるのに必死な状態なのです。

夢想型は社長を継いだからには、「一丁やってやろうじゃないか」と夢を大きく膨らませる一方、その実現についてはとても慎重で、過去現在から未来へと自分のペースで着実にコツコツと進んでいきます。従って、実際に動き出すまでに一定の時間がかかります。目の前のことよりも長期的な戦略の方が大事だと考えるタイプなのです。

　このように、決断と行動のスピードでは圧倒的に父親の実益型に軍配が上がりますが、息子の夢想型は何を言われようとも自分の頭で考えて、納得してから慎重に決断、計画を練り、それに沿って着実に実行していきます。

○「待つ」という修業

　この親子の間で起きる障壁は一つで、父親が息子を待てるかどうかです。「先生！　わて胃に穴が開きそうで、毎日 200ml の牛乳を 2 パック飲んでまんねん、おかげで太ってしゃあないですわ」

　継承して間もないころ、私は前社長からこのように言われました。

　十分な準備をして覚悟して息子に任せたものの、内外面の 12 分類が（実益型－敏感型）の人が苦手とするのは待つことです。順調な継承ではありましたが、その後には「待つ」という、この父親にとって最も厳しい修業が待っていたのです。

　この親子のように内面の 3 分類、6 分類が同じ場合、何かと性格の共通点も多く、他の個性の組み合わせよりも互いをわかり合うことができます。そして、父親の実益型には「ユーモア」という最大の武器があります。ですから、飲食業ではこの親子の「実益型」と「夢想型」という組み合わせが最も適合する業種業態であり、継承後には特段の問題も起こりません。

　つまり、父親（実益型）はせっかちな気持ちをこらえて、ただ息子を信じて「待つ」しかありません。父親が言いたいことをぐっと我慢して、息子のペースに合わせることができたなら、このケースは最も良い継承事例となることでしょう。

4 AL社の事例 これが俺なんだよ！

○順サーキュレーション（内面：城志向➡大物志向、外面：大物志向➡人志向）で継承する

AL社の主な経営責任者
・社長（内面：城志向・実益型−外面：大物志向・挑戦型）
・お婿さん（新社長）（内面：大物志向・敏感型−外面：人志向・自然型）
・社長の妻（専務）（内面：人志向・実績型−外面：城志向・独自型）
・長女（係長）（内面：城志向・夢想型−外面：大物志向・努力型）

　順サーキュレーション（内面：城志向➡大物志向、外面：大物志向➡人志向）の継承事例です。

　AL社は約150店舗を持つ北海道の企業で、創業社長には娘さんが3人います。創業社長は長女の夫（お婿さん）を後継者にするため経営者の教育をしましたが、お婿さんはどんなセミナーへ行っても講師から匙を投げられて、途中で追い返されてしまう"落第生"でした。

○スピードの差を克服する粘り強さ

　創業社長の個性は内外面の3分類、12分類が（内面：城志向・実益型−外面：大物志向・挑戦型）です。意思決定、行動力を司る12分類の組み合わせは、内面12分類×外面12分類となり全部で144種類ありますが、「実益型−挑戦型」はスピード感覚が最も速い組み合わせの一つです。

　一方、お婿さんの個性は（内面：大物志向・敏感型−外面：人志向・自然型）であり、内外面の12分類は144種類の中でスピードが最も遅い組み合わせの一つです。

　お婿さんはやる気はあるものの、創業社長のスピードについていけないため、創業社長はイライラのしっぱなしです。ですから、なかなか後継者として認めてもらえません。私は傍で見ていて、大丈夫だろうか、このままではいつ逃げ出してもおかしくないと思っていました。

しかし、このお婿さんは「途中で投げ出さない粘り強さ」という素晴らしい資質を備えており、それをサポートした長女と、社長の奥様（当時の専務）の対応も素晴らしいと思っていました。

○個性レポートの威力

私は社長を含む４人の皆さんに、お婿さんの「個性レポート」を読んでいただきました。そのレポートには上記に述べたような私の分析が織り込まれています。そして、それを読み終えた瞬間、お婿さんは奥様に向かって大声で「これが俺なんだよ！」と叫ばれたそうです。それは自分を認めてくれたものが唯一存在したことに感激して、思わず出た言葉でした。

このレポートで自信を得たお婿さんは、その翌日から別人のようにやる気にあふれた仕事をするようになりました。そうして４人はお互いの個性の違い、意思決定、行動特性、役割の違いを再確認し、またそれを自分たちだけでなく全社員が知ることが大事であることに思い至り、個性學を全社に導入する取り組みが始まったのです。

ただ、これにて一件落着とはいかず、後継者の問題も片付いたわけではありません。お互いの個性がわかったところで、日々の軋轢や感情の衝突は変わることなく起こり続けます。人間の個性はわかり合うだけでは変えられないということを学び、互いに解決策を熟考し、実践されたことでお婿さんと会社を大きく変えることができたのです。

○「あきらめる」という妙手

私は普段から、こういう機会に「あきらめる」という話をします。ただしこの「あきらめる」とは相手の個性を「明らかに認める」ことを意味しています。

例えば、創業社長と後継者との軋轢が生まれそうな場面では、ぶつかりそうな瞬間に相手の個性をつぶやいていただきます。

「待て待て、相手の内外面は『敏感型－自然型』なんだ。できないわけじゃなくて、私と違って遅いだけだ……。ここは待とうじゃないか」

一方で、お婿さんも「社長は実益型だもんな」と一呼吸おくことで、お互いの違いを認め合うことができ、それ以上の不和に発展することはありませ

ん。そのうち、相手のスピードにも少しずつ慣れていくものです。

○会社を潰すなよ

　個性學的経営は、社長の個性をもとに企業を経営する経営学です。なぜなら人は誰しも自分が持っている「モノ（個性）」でしか力を発揮することができないからです。

　2017年８月、お婿さんは晴れて新社長となって、前社長は会長に就任されました。

　天分経営の観点からいえば、新社長は会長の経営をそのままの形で継承する必要はありません。また、同じようにやりたくても個性が違いますから、その資質も持ち合わせていません。従って、新社長は「自分のできるやり方で経営すればいい」と割り切ることができるのです。

　前社長は新社長に向かって「会社を潰すなよ」、この一言でいいのです。

　その後、AL社はコロナ禍に売上が２割減少しましたが、補助金対象外の業種でもあり、誰も助けてくれませんでした。けれども、新社長は徹底した顧客管理を行い、原価削減のために工場や店舗を統廃合し、加えて新規事業に果敢に投資をし、金融機関に粘り強い対応を取ることで、見事にこの難局を乗り切りました。

　これを可能にしたのは、新社長の12分類が「敏感型－自然型」、４分類の内外面が参謀型という資質であり、コロナ禍の緻密な戦略と戦術にはその資質がいかんなく発揮されています。急逝された会長も、「会社を潰すなよ」のメッセージにしっかりと応えられた新社長に、天国から笑顔で合格サインを出されていることでしょう。

　AL社の場合、長女のお婿さんを後継者にすることで、良い形の継承ができる可能性が高い幸運なパターンでした。

　理由の一つ目は創業社長の内面が実益型で、明るくユーモアにあふれ、はっきりものを言われる個性だったことです。ですから、新社長も「あー、また言ってるよ」と受け流すことができます。

　そして二つ目として、創業社長の奥様である専務による、献身的な二人へ

のサポートも見逃せません。創業社長と専務の個性は「実益型」と「実績型」です。実績型の奥様から見れば、実益型の夫はかわいい孫のような関係です。かわいい孫が何を言っても、何をやっても、笑顔で受け入れて、それだけでなくあるべき方向へと促すことができる賢い個性です。従って AL 社は、とても風通しのいい社風になっているのです。

そして三つ目は、娘と息子の違いです。娘さんにとって夫は自分が選んだパートナーですから、何が何でも応援、サポートして立派な社長になってもらわねばなりません。長女ですから家族全体のために何をすべきかよくわかりますし、そのための夫の役割も考えながらサポートしています。

これが実の父と息子であった場合、男同士のために言葉が足らず遠慮気味になって、コミュニケーション不全を招いてしまう傾向があるのです。

四つ目は、この父と娘とも、内面の３分類が城志向で、６分類が勝負師型と同じだったことです。12分類でいえば、父が実益型で娘が夢想型です。父の無茶な注文もうまく処理できる個性で、日々ケンカしながらもはっきりお互いの気持ちを伝え合うことができる個性の組み合わせなのです。

⑤ A 社の事例　大学卒業と同時に会社をまるごと任された

○順サーキュレーション（内面：城志向➡大物志向、外面：大物志向➡人志向）で継承する

・父親（内面：城志向・実益型－外面：大物志向・挑戦型）
・息子（内面：大物志向・努力型－外面：人志向・先端型）

A 社は東京都内で美容院を複数店舗運営しています。息子さんは大学卒業と同時に父親から経営している美容院を任されていて、父親の方は美容商材を扱う会社（年商20億円）を経営されています。

ある日、父親と息子さんが一緒に来所されて、「父親には息子の教育は難しいので、先生、うちの息子を頼みます」と私に息子さんを託されました。

聞いたところ、息子さんは大学を卒業してすぐに美容院の経営を任されて、3年目になったということでした。

「しっかり儲けてくれればいい」

息子さんが最初の美容院を任されたとき、城志向の父親に言われたことはこれだけだったそうです。

この親子の個性は上記の通りで、順サーキュレーション（内面：城志向➡大物志向、外面：大物志向➡人志向）の継承です。

父親の個性は12分類（実益型－挑戦型）、4分類（突撃隊長型－突撃隊長型）、2分類の内面（現場型－現場型）外面（希望型－希望型）であり、意思決定、行動特性は即断・即決・即行動で144種類の中で最もスピードが速い組み合わせの一つです。

息子の個性は12分類（努力型－先端型）、4分類（前線部隊型－突撃隊長型）、2分類の内面（現場型－現場型）、外面（リスク型－希望型）で、意思決定と行動特性はまずリスク回避を考え、その上で意思決定、行動を始めるタイプです。

父親に比べると意思決定のスピードは遅くなりますが、基本的な行動力の差はほとんどありません。持続力と我慢強さにおいては息子に軍配が上がります。毎日20キロメートルのランニングをこなし、休日には50キロメートルを走るということで、まさに常時戦闘準備OKのこの個性ならではの特徴です。

○実益型の父親と努力型の息子による個性の連携

父親は12分類の内外面が（実益型－挑戦型）ですから、経営面での万能選手です。「待ちの商売」である美容院よりも、持ち前の行動力を発揮して「世界中を飛び回って売りまくる商売」である美容商材販売会社に注力した方が、個性の資質を発揮できて楽しい人生が送れます。

そして、そもそも内面が城志向ですから、自分が作ったものを自分で売る側面があり、そしてさらに実益型として商品やサービスを提供する際に勝利するためにはライバルよりも1円でも安く作り売り切れば勝てると考えるのです。

そして外面が挑戦型の経営者は、昼夜に関係なく世界、全国を飛び歩いて売りさばくことが楽しい資質の持ち主です。「自分の作ったものを自分で売り歩く」これが父親（実益型－挑戦型）の理想的なビジネスモデルであり、そのまま実行し成功されたのです。

　一方、息子さんは内面の3分類が大物志向で、12分類が努力型です。この個性は基本的にマネジメント能力を備えていますから、私が行ったコンサルティングの際の質問も的を射ていて感心しました。従って、大学卒業後にすぐに美容院を経営することが可能だったのです。
　そしてさらに、息子さんは「新しいことよりも、今あるものをそのままの形で早く大きく展開すること」が得意な資質です。美容院の展開も苦になりませんが、父親の商品を販売することの方がモチベーションも上がり才能も発揮できます。結果的に、息子さんはすでに35歳の時点で美容院を十数店という多店舗で展開していましたが、それらを各店長に譲り、父親の美容商材販売会社を継承することになったのです。

　それは、世の中が急速にネット社会に移行し始めた時代のことでした。息子さんには優れたネットリテラシーとマーケティングセンスがあり、すでに現在のネット社会にマッチした経営センスを持っていました。そのため父親から事業を継承した後、毎年数点の大当たり商品を見出すなど経営は順調、これは実益型の父親と努力型の息子による個性の連携です。
　一つ課題があるとすれば、息子さんの内外面の3分類は（大物志向－人志向）であり、会社を大きくすることは得意ですが儲けることには疎いというところでしょう。ですから、城志向である前社長の「しっかり儲けてくれればいい」というメッセージが課題となっています。
　儲けることは企業経営者として必要不可欠の視点ですから、現在、新社長はそれを肝に銘じて日々精進されています。

⑥ R社の事例　親父が残してくれた大企業の仕事

○順サーキュレーション（内面：城志向➡大物志向、外面：大物志向➡人志向）で継承する

- ・父親（内面：城志向・独自型－外面：大物志向・挑戦型）
- ・息子（内面：大物志向・完璧型－外面：人志向・実績型）

　人口1万人の町に大企業の研究所と工業が誘致されました。研究員と従業員あわせて約1,000人。この企業の社員の給食を提供する仕事を、1979年7月にR社の社長（独自型－挑戦型）が見事に受注しました。そして1992年1月、社長は息子さんに継承するよう声をかけたのです。2000年2月、息子さんが新社長に就任しました。

　この町で小さな食堂を営んでいた父親は勇気ある人物でした。内面の12分類が独自型の経営者は知恵者であり、様々な問題を解決できる資質を持っています。そして外面が挑戦型であるため、不可能に見えることでも「俺がやらねば誰がやる！」と果敢にチャレンジする個性です。さらに内外面の2分類が希望型ですから、この案件に躊躇なくチャレンジし、それが奏功したものと思われます。

　一方の息子さんは大学の建築学部卒でしたが、学生時代に「これは自分の進む道とは違うな」と気付いて、建築士以外の仕事ならなんでもよいからと卒業後は営業職を選びました。そして30歳を迎えたころに父親から「そろそろ後を継げ」と言われ、すでに妻子もいることから将来を考えて、後継者になることを素直に受け入れました。

　こうして息子さんは社長を継承することに迷いもなく、社長の座は極めてスムーズに継承されました。

○「大企業向き」な息子の個性
　この継承がスムーズに行われた理由は三つあります。
　一つ目は、内面が城志向の父親から大物志向の息子に継承するという、順

サーキュレーションの継承であったことです。

二つ目は、息子の個性（内面：大物志向・完璧型－外面：人志向・実績型）が大企業向きであるということです。父親が残してくれた仕事は「大企業の下請け」でしたから、安心、安泰を求める大物志向にとって、しっかり大企業と付き合えば自社の安心、安泰が約束されていることがわかっていました。大物志向は「大企業」という文字にモチベーションが上がって素直に従えるのです。

三つ目は、父親の内面の12分類が独自型であったにもかかわらず、親子の断絶や軋轢がなかったことです。独自型は超ワンマンなのですが、息子さんの完璧型は上司には素直で従順な個性です。また、学業において「一番」を求める独自型ですが、息子さんは優秀だったためにそこもクリアされ、加えて順サーキュレーションの関係だったことから、反発する理由などは存在しなかったのです。

人口1万人の町で特別な技術があるわけでもない小さな食堂が、大企業と縁を結んでその仕事を継承できました。それは息子さんにとってこの上なく幸運なことだったでしょう。

二人の経営戦略も上手に継承されています。城志向の前社長は「おいしい料理、安くて量のある料理」を提供することを喜びとしていました。一方で、息子さんは会社の価値を高めるために衛生管理手法HACCPを取得するなど、大物志向らしく社会に認められる企業を目指しています。そして前社長からの教え「お客様の喜ぶことをせよ」を日々忘れることなく精進されています。

ここまで紹介した三つの事例は全て、内面の3分類が城志向から大物志向という、順サーキュレーションの継承でした。そして、ここからは逆サーキュレーションの継承についてご紹介します。

逆サーキュレーションとは、3分類が「大物志向➡城志向、城志向➡人志向、人志向➡大物志向」と個性が伝達される流れです。水の流れに逆らうように、なかなかスムーズに伝達できないことや反発されることが多い個性の組み合わせになります。

7 N社の事例　息子を社長にしたら、一切会社に出ない

○逆サーキュレーション（内面：城志向➡人志向／独自型➡配慮型）で継承する

- 父親（内面：城志向・独自型 − 外面：人志向・配慮型）
- 息子（内面：人志向・配慮型 − 外面：城志向・悠然型）

このケースは、創業社長の父から都会の有名大学を卒業して大手企業のサラリーマンをしていた長男へという、よくある継承のケースです。

N社の創業社長から私に相談が来ました。相談の内容は「長男を後継者にしたい。しかし長男はここ3年、正月でさえも実家に挨拶にも来ない。そろそろ継承のための話がしたいが、何度呼んでも来ないし返事もない。こういう関係だが、なんとか継承させたい」ということでした。

父親である社長の個性の12分類は超ワンマンの独自型で、これまで息子に対し、自分の考えを一方的に押し付けてきました。なんでもいいから一番になれと叱咤激励し、一番でなければ強く叱る、この繰り返しで子どもに接してきました。ですから息子さんにとって、父親は怖いだけの存在であり、尊敬する気持ちも育ちようがありませんでした。息子さんの気持ちは痛いほど理解できます。

12分類が配慮型の子どもの気質は、幼いながらにしてまるで人生がわかっているような大人びたものの考え方をするのが特徴です。自分の考えをしっかり持っているため、何事も自分で考え自分で決断し、行動し、責任も自分で取ろうとします。そしてまた非常に謙虚なところがあります。親にも相談をしないし、親が将来のことを聞いてもなかなか答えません。

そんなふうに扱いにくい配慮型の子どもですが、人間として、長男として自分が何をしなければならないか、そして親が何を望んでいるかについては本質的に理解しており、やりたいことよりも、やらねばならないことを優先

する、非常に賢い個性であり、親にとってはとてもありがたい個性です。

　一方で、父親は自分のことしか考えない、自分のやりたいことをやりたいようにやらねば気が済まないという、息子とは真逆の子どもじみた気質です。

　この二人の関係から、息子さんには子どものころから父親といろいろな軋轢があったことが窺えます。従って、継承は簡単ではありませんからカウンセリングの際にも荒療治が必要になります。

　　私　「社長、今すぐ継承したいですか？」
　　社長「できるだけ早くしたいです。」
　　私　「では、長男をすぐに今の会社を退職させて、退職できた翌日に御社の新社長にしてください。そして社長を任せたら、その日から一切出社しないでください。どんなことがあっても口一つ出さないでください。社長にそれができますか？」

　しばらく考えると、「ハイ、そうします」と、社長ははっきり答えられました。
　この返事が、社長の決意の全てを物語っています。

　ほどなくして、N社の社長から計画通り実行したという電話がありました。言うまでもなく、ご自身が出社されなくてもいいように万全の準備を整えられたことと思います。
　そうして1か月が経ち、コンサルティングでお会いした際に、前社長はこのように聞かれました。

　　前社長「息子からの報告も相談も来ない。暇で暇でしょうがない。何をしながら待てばいいのか」
　　私「近所に神社またはお寺はありますか？」
　　前社長「神社がありますね」
　　私「では毎日、その神社の境内を掃除しながらお待ちください」

神社の掃除をすることで、きっと神様に前社長の気持ちが通じ、息子へも通じると強く信じることができると思ったからです。

やきもきしながら毎日を過ごすより、神社やお寺の掃除をして、謙虚な気持ちで時間を過ごしてほしい。そうすれば不要な連絡もしないだろうし、息子さんからの連絡は必ず来るはずだ——。私はこうした考えから、前社長に神社の境内の掃除をおすすめしたのです。

前社長が掃除を始められてから1か月が経過し、そして2か月目に入り、いよいよ3か月目に入ろうとしたころに電話がありました。

「先生、息子が私に経営の相談に来たいと言ってきました。ありがとうございました！」

嬉し泣きをしながらの電話でした。私は全く心配していませんでしたが、想定よりも早く嬉しい報告のお電話をいただき、驚くとともに深く安堵しました。

その後のコンサルティングでは、前社長の顔は本当に嬉しそうでした。本来、前社長はあまり表情がないポーカーフェイスなのですが、さすがにこの日は満面の笑みが印象的でした。その後も父は息子の成長を見守り続け、数年間にわたって毎月コンサルティングに来所され、息子さんの成長の報告をしてくれました。

それは、私にとっても幸せなことでした。この父にして、この息子です。その後立派に経営されていることと思います。

◯個性の相性の不適合を理解し、問題に向き合う

これは大きな大きな父の愛情と、素直で賢い息子さんによる素晴らしい継承のケースにも見えますが、実は最も難しい継承のケースでもあるのです。

3分類が城志向の父親から人志向の息子への継承は逆サーキュレーションであり、なおかつ独自型と配慮型という個性の組み合わせは、ともに自分の考え方（経営戦略を含めて）がはっきりしており、お互いを認めることができませんし、なおかつ席を並べて一緒に何かを成すことなどは99.9％無理という相性です。

こうした個性の相性の不適合について、父親である前社長はよく理解されていたため、問題に真摯に向き合って私の突飛な提案も受け入れてくれたのだと思います。

　息子さんは経営の右も左もわかりませんでしたが、父親が一切経営に口を挟まないのであれば、何が何でも自分流（天分経営）で模索し、経営を続けていくしかありません。そして、それが配慮型の個性を持った息子さんには良かったのです。
　配慮型は12分類の中で最も学習能力が高く、さらに息子さんの6分類は日々向上型という勉強家ですから、私は何も心配してはいませんでした。こうした社長の継承の仕方は、社員もお客様も相当に戸惑われたことでしょう。しかしながら、これは逆サーキュレーションにもかかわらず、見事に継承が行われた好事例なのです。

8 Y社の事例　大企業の優秀な社員を娘婿に迎えたけれど

○逆サーキュレーション（内面：人志向➡大物志向／実績型➡完璧型）で継承する

　・父親＜S社長＞（内面：人志向・実績型－外面：人志向・配慮型）
　・娘婿＜K氏＞（内面：大物志向・完璧型－外面：大物志向・敏感型）
　・娘（内面：人志向・実績型－外面：城志向・独自型）

　人志向から大物志向へ継承を試みた逆サーキュレーションの事例です。
　Y社は工作機械を開発、製造、販売する企業で、従業員の規模は1000人を超えています。大企業N社の下請けをしていて、同社からは絶大の信頼を得ています。父親（S社長）は高学歴で育ちも良く、絵に描いたような二代目です。娘が二人いましたが、後継者の問題に頭を悩ませて、娘婿を取りたいと考えています。父親は内面の個性は12分類の実績型で、ブランドに

対して信頼感、安心感を持つ傾向があり、娘婿についても高学歴、大企業といったブランドを重要視していました。

「取引先の大企業の将来有望な若者をぜひ後継者として迎えたい。そうすれば大企業との関係も深まり企業も安泰で娘も幸せだ」

　Ｓ社長はこんなふうにバラ色の夢を描いていました。そして、そうした若者を娘婿として迎えるため、かねてから懇意のＮ社の社長に相談し、白羽の矢が立ったのがＫ氏でした。Ｋ氏は地方の有名国立大学を首席で卒業してＮ社にトップの成績で入社した、将来を嘱望されている青年です。

　そこでまず、Ｓ社長は娘さんをＮ社に就職させ、娘さんはＫ氏の隣の席で一緒に仕事をすることになりました。こうして結婚の計画が準備万端でスタートし、とんとん拍子に話が進み、２年後にめでたく結婚となりました。Ｓ社長の目論見通り、Ｋ氏はＹ社の後継者として諸手を挙げて迎えられたのです。

○大企業から下請けの会社に来てやった俺様

　Ｙ社とＫ氏のような縁談は、我が国ではそんなに珍しいことではありませんし、この結婚がうまくいけば５者（社長、後継者、娘さん、Ｙ社そしてＮ社）にとって、これほど望ましいことはありません。

　しかし、娘婿であるＫ氏の個性の３分類は内外面とも大物志向、12分類は完璧型と敏感型です。大きいことが大好きで、有名なことやすごいことにしか興味をそそられません。従って、中小企業ではいまひとつ物足りなかったのでしょう。ましてや大学卒業、入社試験共に首席のエリートです。Ｙ社におけるＫ氏の態度はあまり良いものではありませんでした。

　そして、意思決定や行動特性を司る６分類はといえば、内外面とも権威型です。権威という言葉からは水戸黄門の印籠が想起されますが、まさにＫ氏の仕事観は「四の五の言わずに俺の指示に従え」と印籠を出すようなイメージです。「部下は上司に従順なのが当然」という感覚で、ヒエラルキーの頂点からトップダウンで指示命令を下すやり方でリーダーシップが発揮されるのです。

ある日、K氏は社員たちに向かって「優秀な俺が大企業からわざわざ下請けに来てやったんだから、俺様の言うことを聞け！」と言い放ってしまいました。こうした態度は誰にとっても許せるものではありませんが、中小企業の従業員は特にそういうタイプを嫌うものです。

　一方のS社長は人志向の実績型です。K氏よりもさらに高学歴で、二代目としての役割もしっかりと果たしていました。理由の一つは外面の12分類が配慮型だったことにあります。配慮型は庶民的感覚を持ち、老若男女の誰にでも気配りを忘れない人付き合いをしますから、他人からの評価は好感度抜群です。そしてまた、人志向の経営者の企業目標は大きいことや儲かることよりも「いい会社を創る」ことを目指します。

　S社長は日ごろから「社長は組織の一番下であり、下から社員を支えることが役割だ」という考えで、会社の組織図は逆三角形をしていました。

　ちなみにS社長の個性の12分類は内面が実績型で、大企業でも経営手腕を発揮できる個性ですが、トップ（社長）でない場合にはどちらかといえば中小企業社長向きの資質です。

○逆サーキュレーションの継承には困難が伴う

　K氏の入社後、会社はどんどんおかしくなっていき、結局K氏は会社を去ることになり、離婚も決まってしまいました。このような縁談は会社の性質やお婿さんの個性次第で最強にもなりえますが、多分に失敗の可能性をはらんだハイリスクな方法でもあります。

　なぜなら、経営方針とは社長の個性で決まるものであり（天分経営）、そこで働いてくれるのは大勢の社員さんたちだからです。社長の個性を無視して後継者を決めたり、その後継者が社員の存在を軽視して経営を進めたりすれば、それが失敗に終わることは目に見えているのです。

　結局、Y社では社長と同じ個性を有する優秀な娘さんが後継ぎとして会社に入ってすぐに立て直し、さらに規模を大きくされています。

　人志向から大物志向へという逆サーキュレーションの継承を無理に進めると、このようにかなりの困難を伴います。今回のY社の事例は、下手に進めればこのような結果になってしまうという典型例でもあるのです。

大企業で成功する個性

　大企業で成功する個性などあるだろうか？　皆さんはそんな疑問を持たれることでしょう。それを考えるため、当社では東証プライム（旧第１部）上場企業1,799社の役員16,447人を、12分類別の人数と内外面の144種類で下の表に分類しましたのでご覧ください。

　この表を端的に言い表せば、東証プライム企業で一番出世している個性はどの個性なのかを調べたデータということになります。

東証プライム上場企業　役員個性分析　1,799社：16,447人　　　　　　2022年3月現在

内面 12分類	自然型	実績型	先端型	配慮型	独自型	悠然型	実益型	夢想型	敏感型	完璧型	挑戦型	努力型	合計
修正 人数	1,348	1,960	1,353	828	910	1,298	864	1,312	1,404	2,040	1,248	1,882	16,447

注：上記の表の個性別人数は比較しやすいように係数を掛けて修正した人数であり、実際の人数とは少々
　　異なるものがありますが、合計した数は一緒です。

　この表をよく見ると、個性によって、役員の人数に大きく差があります。具体的にいえば、役員に最も多い内面の12分類は完璧型（2,040人）で、最も少ない分類は配慮型（828人）です。そしてその二つの個性の間には、なんと2.46倍の差ができています。12分類の差を理解しやすくするために、それぞれの分類と平均との差についてもグラフ化しておきます。

＜内面12分類（平均との差）＞

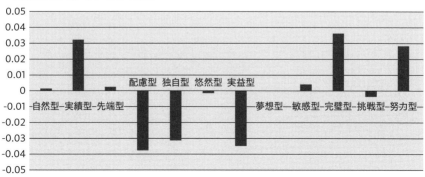

平均人数を大きく上回っている個性は上位から順に完璧型、実績型、努力型、そして下回っている個性は下位から順に配慮型、実益型、独自型です。

　人数が多い個性は他の個性より頑張って仕事をしてきた結果として上場企業の役員になった個性です。見方を変えると、組織内で一番頑張って仕事をする資質の持ち主だと言えます。すなわち成功願望が強く、働く場所が大企業ということでモチベーションが高くなり、大組織での振る舞いや生き残り戦略に長けているといえるのです。

　振り返れば、事例8の「大企業から下請けに来てやった俺様」の個性は完璧型でしたね。読者の皆さんはこの事実をどう思われますか？　単なる偶然でしょうか？

9　TG社の事例　ウチの息子、何とかしてくれ！

○逆サーキュレーション（内面：大物志向➡城志向／完璧型➡悠然型）で継承する

・父親（内面：大物志向・完璧型 － 外面：城志向・悠然型）
・息子（内面：城志向・悠然型 － 外面：大物志向・挑戦型）
・母親（内面：大物志向・完璧型 － 外面：人志向・自然型）

　TG社は父親（社長）の後継者候補として、高校の教師だった長男を20代後半から自社に入社させていました。しかし父親の言うことを全く聞かず、結局、長男が継承する前に社長が急逝されてしまいました。

　この社長さんは下町育ちで、口は悪いがとても愛情が深い人でした。
　一緒に食事に行くと「塩がまずい、醤油がまずい、米がまずい」と板前さんに文句を言います。しかし文句を言うだけでは終わらず、その場で自分の会社に電話をし、まずいと言った材料の代わりをすぐさま社員に届けさせるような人でした。言ってみれば、愛のムチを誰にでも振るう「叱り名人」だったのです。
　コンサルティングで来所された社長は、当社の社員を見つけるとこう聞きました。

　社長「おいそこのお前、給料はいくらもらってんだ？」
　社員「○○万円です。」
　社長「半人前のくせにそんなにもらってんのか。会社で個性學を習って、先生に授業料は払ってんのか？　勉強させてもらって、さらに給料をもらうとは、いいご身分だ！」

　この社長さん、チャキチャキの江戸っ子気質でとにかく言葉が悪いため、うちの社員はいつも半べそで愛のムチを受けていたものです。

とにかく、この社長はどこに行ってもこんな調子でした。生前に叱られた人は山ほどいましたから、社長の葬儀会場は愛のムチと言葉を偲ぶ人たちであふれたものです。茶室や水琴窟を作るといった粋な趣味もあり、また噺家や相撲部屋の若い衆をかわいがったりもする「昭和の豪傑」でした。

○大物志向の父親と城志向の息子の逆サーキュレーション

そんな豪傑の社長さんでも、息子だけはどうにもなりませんでした。

父親と息子の関係性は本当に難しい問題で、良好な関係とは程遠いケースが実に多いのです。特に昔の父親は子どもを怖さで押さえつけて育てていましたから、子どもが親の言うことを聞くのは当たり前で、聞かない場合は鉄拳でも縛り付けてでも無理やりに聞かせたものです。

そういう環境で大人になれば、息子が父に反旗を翻してしまうのも当然です。父親は息子を後継者にするべく入社させて仕事を与えますが、息子は思い通りに動かないばかりか、お互いが反目する場面もたびたび出てきます。そして結局、このTG社のように仕事が停滞することになってしまう、そんな典型的なケースでした。

この父親の内面は「大物志向・完璧型」、息子さんは「城志向・悠然型」です。

完璧型の父親は「四の五の言わず俺の言うことを聞け」と権威的にふるまう気質であり、一方、悠然型の息子さんは「自由・平等・博愛」が信条ですから、「親父も俺も同じ人間だ、どうして理不尽に屈しなければいけないのか」という思いが根底にあります。ですから、無理やり押さえつけてくる父親に素直に従えるわけがないのです。

さらに、この父親の内面の3分類は大物志向であり、息子の城志向とは逆サーキュレーションになります。社長から息子へと情報が伝わりにくく、息子にとっても社長の言葉の真意が理解できないため、それが反発を覚える大きな原因の一つになります。

○母親が熟慮の末に取った行動

この社長は生前、息子のことで何かあると「おい、先生いるかー？」とア

ポなしでいきなり来所され、相談の内容もまた「センセー、息子を何とかしてくれーっ！」と、ほぼ毎回同じ内容のコンサルティングでした。

そんなとき、私は「社長さんより息子さんの個性の方が経営は上手ですよ。ですから心配いりません」とお答えし、常に息子さんの方をかばっていました。そしてその後、お互いに無言の時間が流れて、最後はいつも社長が私の言葉を噛み締めるのです。

そして、「さあ、皆でメシ食いに行くぞー！」と当社の社員を伴って夜の街に繰り出すというお決まりの展開です。社長はいつも大好きなお酒だけを注文し、うちの社員たちがご馳走をたくさん食べるのを嬉しそうに眺めていました。

そんなふうに息子さんが素直になれず、父親に背を向けたまま十数年が過ぎていき、社長は突然の病に倒れて数か月後に逝去されました。

息子さんが父親から全幅の信頼を得ていなかったという事実は、もちろん母親もよく知っていました。そして夫の死後、母親は自宅に私を呼んでこう言われたのです。

「先生、この株を預けます。息子が社長になっても大丈夫と思われたときに息子に渡してくださいませんか」

そしてなんと、その面談の席で、テーブル上に会社の全ての株券を積み上げ始めたのです。私はとっさに意味がわからず「うっ」と口ごもり、その隣にいた息子は怒り出して母子ゲンカが始まりました。この母親の内面は父親と同じ「大物志向・完璧型」です。息子に後を継いでほしかった父親の気持ちを我がことのように考えて、熟慮の末にこんな行動を取られたのです。

結局、私はその母親からのお願いを丁重にお断りし、その後に母親自らが任命するという形で、息子さんは晴れて社長に就任されたのです。

○新業態を作り出せず、会社をたたむ

息子が新社長に就任すると、会社の経営をとても上手に行いました。利益が出過ぎて２年分のボーナスを出したり、海外に全社員を連れて大名旅行を敢行したりした年もあったほどです。

とはいえ、TG社の属する業界は少子化の影響を受けざるを得ないため、

このまま衰退していくことは免れないとわかっていました。新社長は10年間ほどかけて新業態を模索しましたが、いずれも事業化には至らず、加えてコロナ禍が致命傷になって会社をたたんでしまいました。

　新社長は内外面の12分類が（悠然型－挑戦型）であったため、父親の事業を継続、発展させる資質はあっても、新しい業態を作り出す資質がなかったのです。

　悠然型の意思決定と行動特性は「自分で考え、自分で決断し、成功も失敗も自分持ち」です。

　会社を継続できなかったことについても「いつも最悪のことを考え行動してきました。結果が出たことに対して後悔はありません。後悔するような仕事はしていません」と言われていました。このタイプは頑固で一度決めると譲らないところがあります。ご本人も、迷ったときに素直に言うことを聞ける師匠を持つことは大事であると承知されていましたが、悠然型の気質がそれを許さなかったのでしょう。

　前社長がまだ元気だったとき、私は事業継承に奮闘している息子さんのために二世塾という勉強会を開塾しました。顧問先に後継者候補の息子さんが数人いたため10名弱のスタートでしたが、当時の塾生たちは現在、全員が立派な社長になっています。自らの個性を発揮し、自らの天分を活かし、自信を持ってそれぞれの天分経営をされています。その後25年が経過して、現在二世塾は経営塾と名称を変え、年5回の開催を続けています。

10　BS社の事例
スーパーウーマンから息子への継承

○順サーキュレーション（内面：人志向➡城志向／先端型➡悠然型）で継承する

　・母親（内面：人志向・先端型－外面：人志向・自然型）
　・息子（内面：城志向・悠然型－外面：大物志向・挑戦型）

　このBS社のケースでは、二人の内面の個性の関係は順サーキュレーション（人志向➡城志向）でした。本事例は、両者の個性や置かれた状況によっては順サーキュレーションでもスムーズな継承ができない場合もあるという事実を示すための例となります。

　母親は41歳のとき、妹さん（内面：人志向・配慮型－外面：人志向・実績型）と二人で化粧品製造販売の会社を立ち上げました。
　内面が12分類の先端型である母親は、社長としてビジネスを起業し、急成長させるための総合力を備えています。妹さんも内外面が人志向（配慮型－実績型）で社長にとってもありがたい存在ですし、加えて同社の営業部長も内外面が人志向（実績型－実績型）です。こうして人志向の3者によるトライアングルが出来上がったせいか、その会社は急成長し、立ち上げから10年で売上40億を超えました。

　人志向の経営は、商品と顧客対応に表れます。商品の素材には天然で無添加のものを使い、顧客対応は迅速でありながら丁寧であることをモットーとし、心地よい言葉による接客教育が徹底されていました。
　そしてさらに、創業社長は超多忙にもかかわらず、毎朝3時に起きて顧客に直筆の手紙を書かれていました。内面が先端型の人には言葉のセンスや巧みな文章力が備わっていますから、手紙の内容も、顧客にはたまらなく心地よい言葉の数々が綴られていました。

○母親の先端型と息子の悠然型、それぞれの相性
　社長（母）が60歳を超えるころ、後継者問題が浮上しました。
　そもそも創業社長は自分の会社を子どもに継がせたいと思うのが常であり、特に母親はそう願います。しかしながら息子さんは当時、青年海外協力隊員になって現地の女性と結婚し、女の子が一人生まれていました。それでも母親は、なんとかここまで成長した会社を一人息子に継がせようと考えて、息子家族を日本に呼び寄せました。そして、後継者にするための経営者教育が始まったのです。
　内面の12分類が先端型の母親は超スピード経営で、悠然型の息子さんは

超スロー経営です。真逆の個性と経営スタイルであり、この関係による継承はなかなか難しいものです。

　ましてや自分の子どもですから、お母さんにとっては世界で一番愛おしい存在です。社内では王様のようなカリスマ社長であっても、息子にとっては普通のお母さんなのです。

　そうして5年間にわたり一緒に仕事をされていましたが、どうしてもうまくいかず、とうとう関係は決裂し、ほどなくして息子は奥様の国に行ってしまいました。この母親が息子を後継者にすることは、断念するしかなくなったのです。

　この継承は互いに不幸な結果になってしまいました。母親は息子に立派な経営者になってもらうために厳しく接するしか仕方ありませんでしたし、息子の方では母への甘えが抜けきれませんでした。

　そして結局、長年にわたって他社でBS社の担当をしていた信頼できる人に継承されたのです。

○仕事への厳しさという面では母子とも共通していた

　このような結果になったことの大きな原因は、母親の内面の個性（先端型）と息子の個性（悠然型）の相性の違いです。

　先端型の母親は、何事に対しても「こうでなければならない」と意見がハッキリしています。商品、流通、アフターフォローなど自分の指示通りに行うことは絶対で、少しのミスも許されない厳しさがあります。

　その厳しさは、自社についてだけではありません。当研究所のスタッフが小さなミスをしたときなども、大きな声で叱られていたほどです。他社の社員であろうと、その人の将来の仕事のことを考えて躊躇なく叱ることができる。この母親は、それだけ愛情の深い人でもありました。

　しかし、悠然型の息子の方も、仕事への厳しさでは引けを取りません。事例9の息子さんと同じタイプです。自分をしっかり持っており、何事も自分で考え、決断し、実行し、結果は全て自分が引き受けます。もしも自分が認めた人であれば100％その人に従う面もありますが、そういう人がいない場合には、徹頭徹尾自分流を貫くのです。

　人志向の個性を持つ人が、後継者に対する考え方で優先すべきこととは何

でしょうか。それは、社員やお付き合いのあるお客様をはじめとする周囲の方々の考えを優先することです。経営に関しては自分流を貫く一方で、後継者に関しては周囲が認めた人物であることが必定なのです。

ですから人志向は本来、世襲を選択しない傾向にあるのですが、この事例は、母親が我が子をかわいく思うあまり、やむなく試みた経営継承ということになるでしょう。

■まとめ　個性が違うから継承できないのではない

　本章では、スムーズに継承した事例、難航・失敗した継承の事例を10例紹介しました。前社長の個性の分類としては、城志向は独自型4名・実益型3名、人志向は実績型と先端型、大物志向は完璧型を事例として取り上げています。

　事業継承に大きく影響を与える要因として、後継する者とされる者の個性の相性があります。継承がうまくいかなかった事例は、多くの場合、前社長が自分の経営を後継者に押しつけたことによって難航し、失敗したケースだったのです。

　そして、ここで間違えないでいただきたいことは「個性が違うから継承できないのではない」ということです。前社長が後継者に自分のやり方を押しつけているために、本来うまくいくものもうまくいっていない、ということなのです。決して、後継者に経営能力がないわけではありません。

　従って、継承を成功させるためには、後継者がしっかりと経営できる形を整えて譲り渡せばいいのです。しかし、これはなかなか難しいものです。人間とは自分が経験してきたことしかわかりません。創業者は自分のやり方を貫いてこそ成功できたのですから、譲り方がわからなくて当然ですし、また、それ以外に成功の方法はなかったでしょう。

○前社長と後継者が互いの個性を学び、認め合う

　自分のやり方しか認められない前社長が継承を成功させたければ、自分のやり方にこだわらず、まず、その考え方を変えてもらうしかありません。その好例が事例7です。心当たりのある読者は再読してみてください。

　創業社長はただ、後継者に自分がやってきた経営を押しつけなければいいのです。押しつけていいのは、前社長と後継者の内面の個性がともに同じ12分類であったときだけです。外面の個性が違えば、そこでまたお互いに主張が始まります。

　第5章でも述べますが、社長に向かない個性はありません。後継者がどんな個性であれ、経営をするには個性を活かした天分経営・個性経営に注力すればいいのです。そのために、前社長と後継者が互いの個性を学び、認め合う。これが成功する事業継承の第一歩なのです。

○個性以外の原因で継承がうまくいかない

当然、以下の理由で継げない場合、継がない方がいい、継ぐべきではないケースもあります。

- ・経営者としての資質に大幅に欠けている
- ・絶対継ぎたくない
- ・他にやりたい事業なり自己表現がある

こうして考えると、特にやりたいことがない、見つからないという息子さん娘さんの方が、案外後継者に向いているのかもしれません。

後継者は自らの個性による天分経営を、自信を持って推進する覚悟が不可欠です。そのためには、まず個性學を学んでほしいと心から願っています。

○頑張れ、日本の社長さん

日本の中小企業の継承は年々難しくなるばかりです。そして、時代とともにM&A（企業の合併・買収）の動きも加速しています。

しかし、これまで私がかかわってきた後継者問題については、ほぼ見事に成功しています。それは経営者の方々が事業継承することの意味をしっかりと理解し、努力した結果として、周囲の応援が得られているからです。

後継者問題は難しいことではありません。

私はいつも、悩んでいる社長さんたちに向かって「M&Aなどに頼らず、勇気を持って息子さんや娘さんを後継者に育てましょう」と申し上げます。

経営者になることは良いことだけではなく、様々な艱難辛苦を経験しますが、それらを乗り越えることで全ての人を成長させます。一言で言えば人間としての成長です。心身が強くなり、自信が付いて、人生や社会の荒波に負けることなく勝利の人生を生きることができます。

人間にとって、より多くを背負うことが成長するために一番重要です。周囲の人々の課題を一身に担うことは、自身の人格を陶冶し、人間的成長を促し、人間を強くします。そして、このことこそが人類の成長にもつながっていくと思うのです。そして日本を元気にするのは中小企業の社長さん、あなたたちであることは疑う余地もありません。

第4章

トキを継承に活かす

1 | トキとは何か

　個性學には、天分の他にトキの理論と相性があります。

　トキとは季節のように全ての人が周期的に同じ経験をすることを表す言葉で、①サイクル②期間③事件または象意（どんなことが起きるか）があります。

　例えば、樹木や草花には明確な時があり、芽吹いて、つぼみを付け花が咲き、結実し冬を越すために落葉し来年の準備をします。1年間をサイクルとして、例年ほぼ同じ時期に同じ事象を繰り返しています。梅と桜も時期は違えども「芽吹く、開花、結実、落葉」という順番は変わりません。

　樹木や草花が芽吹きから落葉までのサイクルを毎年確実に繰り返しているように、個性學のトキの理論も、同じように一定期間を同じリズムで繰り返し、それぞれ具体的な事象を表しています。

①サイクル　　　10年、10か月、10日ごとに同じトキを迎える
②期間　　　　　1年、1か月、1日ごとに同じトキを迎える
③事件・象意　　10種類のトキによって明確な違いがある

　上記のうち、事件・象意について簡単に説明しましょう。

　トキには以下のように行動から研究まで10の種類があり、それぞれに事件・象意があります。事件や象意は日々の生活で起きるだけでなく、経営上でも特有の事件や象意が起こりえます。

　右ページの表（再掲）をご覧いただくと、10種類のトキの事件・象意（どんなことが起きるか）のイメージがおわかりいただけると思います。

　ほぼ順調なトキ（社交・収穫・変革・完成）、いろいろ問題が起きそうなトキ（行動・浪費・焦燥・整理）、そしてどちらとも言えないトキ（余波・研究）があります。すなわち、順調なトキは長く続かず、一方で厳しいトキも一定の期間を過ぎれば必ずウソのように好転するのです。ただし、その前提として、健全な経営が行われていることが条件となります。

＜10種類のトキ＞

トキ	日々の生活で起きる事件・象意	経営で起きる事件・象意
行動	独立・積極・行動・分離	新規事業・社員退職
浪費	緩慢・損失・消極・諦観・浪費・体調不良	利益縮小・不渡り・貸し倒れ・社員退職
余波	一服・希望・油断	投資・人気
焦燥	待てない・焦り・障害・紛争・破壊・離散	利益縮小・不渡り・貸し倒れ・幹部退職
社交	社交・営業・投資	事業拡大
収穫	結実・収穫・発展・固定資産	事業順調・利益拡大
変革	変化・動揺・改革・革新	事業変革・社内改革
完成	完成・社会化・多忙	事業順調・利益拡大・業界の役割
整理	不安定・整理・縮小・断捨離・アイデア	事業縮小・事業見直し
研究	評価・反省・準備	結果・次の準備

2 | 覚悟の経営

　先ほどご紹介したように、全ての人、そして経営者にも10種類のトキが1年、1か月、1日ごとに正確に巡ってきます。

　この巡りを自覚すれば、誰でも仕事や家庭での過ごし方に応用したくなるでしょう。個性學を学んだメンバー（経営者および一般の人）は、トキのアラームが鳴ったにもかかわらず、無視したり失念したりして痛い目に遭った経験を経て、改めてトキを学び直しつつ実生活や経営に活用しています。

　当社のお客様はトキの理論を正確に学び、そして10年間から20年間の自社の経営成績と自分のトキをしっかり検証されて、大いに納得されて短期・中期の経営戦略に応用されています（詳細を知りたい方は、当社が例年12月に開催する「事業運セミナー」にご参加ください）。

　経営のトキをシンプルに言い表せば、企業経営には「上り坂（好調期）」と「下り坂（低調期）」、そして「まさか」があるということになります。たとえ創業から30年、40年、50年と増収増益を続けている企業であっても、長い年月の中では数字には表れることのない、多くの困難や思いもよらない事件が起きていることでしょう。

　私も経営者になって45年になりますが、その間には赤字で終えた期が2回ありました。リーマンショック、そして大口取引先の経営不振が原因で、自分ではどうすることもできませんでした。当社のような微小企業は大手と違い、このレベルのショックを吸収しつつ、増収増益を続けることは非常に難しいのです。

　2023年のデータでは、日本には約368万社の企業があるそうですが、長期にわたって増収増益を続けている企業はそれほど多くありません。いうまでもなく、50年連続で増収増益の業績を上げてきたニデック（旧日本電産）や伊那食品工業は例外中の例外です。

　このような業績を可能にするには、時代背景、業種、チャンスを機敏に捉

えて企業成長させるための卓越した経営手腕が必要です。ニデックは永守重信氏の強烈なリーダーシップにより、また伊那食品工業は最高顧問の塚越寛氏の経営哲学により成長を続けた奇跡の企業です。

　しかし、奇跡とは簡単に使える言葉ではありません。この2社の大成功は、多分に「幸運」、さらに「超」がいくつも付く幸運、そしてそれを支える社員たちの真摯な頑張りがあって初めて可能になるものだと私は確信しています。企業の永続は、よく言われている「天のトキ、地の利、人の和」に加えて、卓越した経営力、経営者の健康、そしてこの幸運があって初めて可能になることだと私は思うのです。

○10年単位でやってくる好不調の波

　個性學を創始して三十数年が経ちました。お客様の中には30年にわたって私のコンサルティングを継続していただいている企業が数社ありますが、これらの企業はトキの10年のサイクルを3回経験していることになります。30年、20年と昔に遡れば、現代とは企業規模や経済環境、社会情勢が大きく変化しています。明確な記憶ではないものの、私にもお客様にも10年単位で好不調の波はやってきました。なぜなら、実績の数字と社長のトキが確実にリンクしているからわかるのです。

　経営者のトキが焦燥の年は幹部社員が退職する傾向があり、行動や浪費の年は一般社員の退職が増えます。このことを何度も経験した経営者は私の指導をしっかりと実践されて、次回の焦燥のトキまでに皆さんそれぞれに準備をされます。そしてその結果、大きなダメージには至らずにそのトキを終えられるのです。

「本当に？」「ウソだろう!?」と思われることでしょう。
　でも、これは本当の話なのです。
　台風が来ることがわかっていれば、誰でもベランダの洗濯物を取り込み、雨戸を閉め、あらかじめ買出しに行き、出かけるときには傘や雨具を準備したり、スケジュールを見直したりします。
　個性學の「トキ」を学べば「好不調」のサイクルがわかり、「いつ頃、何が、

誰に、起こるか」を事前に予見できるのです。この予見を活かす経営のことを、私は「覚悟の経営」と言っています。

3 トキマネジメントのすすめ

　事業の継承における、個性學のトキの考え方はいくつかありますが、代表的な二つを紹介します。

　一つ目は、後継者が会社を継承した際、スムーズに事業が進行できて、業績も順調に推移する可能性が高いトキを選んで継承を行う場合。

　二つ目は、前社長が敢えて後継者に厳しい試練を与える継承のトキを選んだ場合です。その場合に重要なことは、前社長が元気であり、十分に経営者としての役割を果たせることが条件になります。

　なぜなら、たとえ問題が起きたとしても後継者をしっかりフォローできるからです。私は、後継者の資質と前社長の健康状態を勘案し、継承についての具体的な年月を助言しています。

　個性學を活用して日々コンサルティングを実施している私にとって、中小企業経営におけるトキのマネジメントは不可欠なものだと断言できます。

　私がこうした発言をすると、学者たちから「科学的根拠は？」「データは？」と一斉に追及を受けます。しかし、私にとっては毎日のトキのマネジメントは当たり前過ぎてエビデンスを取る気にもなりませんでしたし、正直そんな暇もありませんでした。

　従って、「誠に勝手ながら、真偽のほどはご自分で会社の経営を体験していただければ、すぐに確認できるはずです」と言うしかありません。

　また将来、個性學がどなたかによって学術的に研究されることがあれば、そこで多くのことが明らかになるでしょう。学術的に研究されるとして、例えば任意の企業10社の20年間の経営成績と社員の退職者を確認されるだけでも、そこには明確なトキが表れていることを発見できるはずです。

　経営者は日々、様々な問題が降りかかる中を命がけで舵取りしています。そこは待ったなしの世界です。ですから、私はお客様の企業に予見されるリスクについて心を鬼にして伝えますが、当然、聞きたくないと言われる経営

者もおられます。

　しかし人生には上り坂、下り坂そして「まさか」がありますから、賢明な経営者なら「トキの理論」を頭の隅に置いておくことで、何かの拍子にふとした気付きが訪れます。このように、ちょっとしたことに気付く資質は経営者にとって必要不可欠です。そのような経営者こそが、本当の成功を手にできるのです。それは私の経験上、確かに言えることなのです。

第5章

社長に向いている個性
役員に向いている個性

1 | 個性學の分類データから適性を考える

1 社長に向いている個性とは

　ビジネスパーソンであれば、誰でも一度くらいは社長になりたいと思ったことがあるのではないでしょうか。

「自分は社長に向いているのだろうか？」

　この章では個性學の視点をもとに、この問いの答えを求めます。

　日本には大中小零細企業を含めると約 368 万社があるそうです。

　その中で東京証券取引所に上場されている企業は、2020 年は約 2,000 社、2022 年は約 3,700 社ありました。そこで日本個性學研究所では、1901 年以降に誕生した企業約 1,300 社をランダムに選び、社長の個性を調査しました。

＜分析の対象とした社長の人数＞

　1．1901 年以降に誕生した創業社長 1,271 人。

　2．2020 年東証第 1 部上場企業の社長 1,946 人。

　3．2022 年東証全上場企業の社長 3,668 人。

　上記の社長 6,885 人の生年月日を調査し、3 分類、12 分類、4 分類、2 分類のうち基本的な 3 種類というそれぞれの個性の分類で集計し（表 1）、理論的構成比率（理論値）と実際の構成比率の差を比べました。

○（表1）個性の分類で集計した理論と実際の構成比率

＜3分類＞　　人志向　　（自然型・実績型・先端型・配慮型）

　　　　　　　城志向　　（独自型・悠然型・実益型・夢想型）

　　　　　　　大物志向　（敏感型・完璧型・挑戦型・努力型）

＜12分類＞　自然型・実績型・先端型・配慮型・独自型・悠然型・実益型・夢想型・敏感型・完璧型・挑戦型・努力型

＜4分類＞　　参謀型　　（自然型・独自型・敏感型）
　　　　　　　指揮官型（実績型・悠然型・完璧型）
　　　　　　　突撃隊長型（先端型・実益型・挑戦型）
　　　　　　　前線部隊型（配慮型・夢想型・努力型）
＜2分類(1)＞　希望型　　（参謀型タイプ＋突撃隊長型タイプ）
　　　　　　　リスク型（指揮官型タイプ＋前線部隊型タイプ）
＜2分類(2)＞　非現場型（自然型・実績型・独自型・悠然型・敏感型・完璧型）
　　　　　　　現場型　　（先端型・配慮型・実益型・夢想型・挑戦型・努力型）
＜2分類(3)＞　フィードバック型（現場型6分類）
　　　　　　　フォワード型　　　（非現場型6分類）

（表1）＜社長6,885人の個性の構成比率と理論値との差＞

	内面12分類	計／人数	構成比①	理論値②	表①－②
12分類	自然型	451	6.6%	6.7%	−0.1%
	実績型	460	6.7%	6.7%	0.0%
	先端型	734	10.7%	10.0%	0.7%
	配慮型	680	9.9%	10.0%	−0.1%
	独自型	673	9.8%	10.0%	−0.2%
	悠然型	681	9.9%	10.0%	−0.1%
	実益型	693	10.1%	10.0%	0.1%
	夢想型	704	10.2%	10.0%	0.2%
	敏感型	416	6.0%	6.7%	−0.7%
	完璧型	460	6.7%	6.7%	0.0%
	挑戦型	445	6.5%	6.7%	−0.2%
	努力型	488	7.1%	6.7%	0.4%
3分類	人志向	2,325	33.8%	33.3%	0.5%
	城志向	2,751	40.0%	40.0%	0.0%
	大物志向	1,809	26.3%	26.7%	−0.4%
2分類(1)	希望型	3,412	49.6%	50.0%	−0.4%
	リスク型	3,473	50.4%	50.0%	0.4%
2分類(2)	非現場型	2,720	39.5%	40.0%	−0.5%
	現場型	4,165	60.5%	60.0%	0.5%
2分類(3)	フィードバック型	4,165	60.5%	60.0%	0.5%
	フォワード型	2,720	39.5%	40.0%	−0.5%
4分類	参謀型	1,540	22.4%	23.4%	−1.0%
	指揮官型	1,601	23.3%	23.4%	−0.1%
	突撃隊長型	1,872	27.2%	26.6%	0.6%
	前線部隊型	1,872	27.2%	26.6%	0.6%

＊理論的構成比率（理論値）については25ページを参照ください。

○どの個性でも社長になれる

そして各個性分類の実際の構成比と理論値との差については（表2）の通りです。

（表2）＜社長12分類3期分：構成比比較（実値－理論値）＞

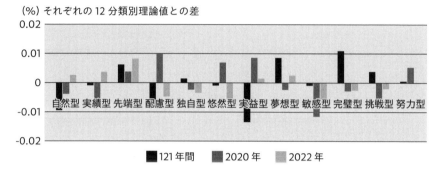

(%) それぞれの12分類別理論値との差

自然型　実績型　先端型　配慮型　独自型　悠然型　実益型　夢想型　敏感型　完璧型　挑戦型　努力型

■121年間　■2020年　■2022年

結論として申し上げると、上記の2表において、実際の人数の構成比と個性學の理論的構成比の差はほとんどありません。12分類の差は大きくても±1.4%（一番多い先端型＋0.7%、一番少ない敏感型は－0.7%）です。社長に向く個性、向かない個性は特になく、どの個性でも社長になることは可能です。

2 業種別に考える

次に業種別に個性（資質）の特徴を見てみると、こちらは個性別に大きな差が表れてきます。

2022年現在の東京証券取引所の全市場中、条件を「100社以上の企業が含まれる業種」に絞って内面の12分類別の社長の人数構成を分析しました（表3）。

東証全市場の社長3,668人については、12分類別の構成比（差①－②）を見ると、個性學理論の構成とほぼ差がないことがわかります（表1）。しかし、100社以上の企業が含まれる業種（サービス業から電気機器まで11業種）について個性の12分類別に見てみると、サービス業においては内面が「城志向・実益型」の社長が58人で一番多く、「大物志向・敏感型」の

社長が 24 人で一番少ないのです。また小売業では「人志向・先端型」の社長が 50 人で一番多く、「大物志向・完璧型」の社長が 11 人で一番少ないのです。

　以上のように、業種別で集計した場合には、個性によって社長の人数にかなりの差があることがわかりました。これは「業種によって個性での向き不向きがある」という事実を示しています。サービス業では実益型が向いていますが敏感型には向いていない、一方で小売業で社長が最も少ないタイプは完璧型ですが、この完璧型には他に向いている業種が存在します。

（表3）＜東証全市場・社長の個性＞

100社以上の企業が含まれる業種の12分類別・社長の人数構成　　　　2022年3月現在

業種 ＼ 12分類	自然型	実績型	先端型	配慮型	独自型	悠然型	実益型	夢想型	敏感型	完璧型	挑戦型	努力型	計(人)
サービス業							58		24				485
卸売業						37					10		304
小売業			50							11			332
情報・通信業					58				28				521
不動産業		4			16								134
その他製品						12		12			3		106
化学			21							12			212
機械							26			12	12		225
建設業		8					23					8	151
食料品				15	6			15		6			121
電気機器			31								10		236
計(人)	192	193	306	285	272	277	282	277	166	186	184	207	2,827
構成比	6.8%	6.8%	10.8%	10.1%	9.6%	9.8%	10.0%	9.8%	5.9%	6.6%	6.5%	7.3%	100.0%
その他22業種合計（人）	63	66	91	64	82	70	90	99	58	50	54	54	841
構成比	7.5%	7.8%	10.8%	7.6%	9.8%	8.3%	10.7%	11.8%	6.9%	5.9%	6.4%	6.4%	99.9%
全体(人)	255	259	397	349	354	347	372	376	224	236	238	261	3,668
構成比①	7.0%	7.1%	10.8%	9.5%	9.7%	9.5%	10.1%	10.3%	6.1%	6.4%	6.5%	7.1%	100.1%
理論値②	6.7%	6.7%	10.0%	10.0%	10.0%	10.0%	10.0%	10.0%	6.7%	6.7%	6.7%	6.7%	100.2%
差　①－②	0.3%	0.4%	0.8%	-0.5%	-0.3%	-0.5%	0.1%	0.3%	-0.6%	-0.3%	-0.2%	0.4%	0%

　上記の表の下方にある「全体（人）」という行を見ると、「人志向・先端型」が 397 人で一番多く、一番少ない個性は「大物志向・敏感型」224 人です。

実に 173 人もの差がありますが、両個性とも「理論値②」と「差①－②」を見ると先端型は＋ 0.8％、敏感型は－ 0.6％ です。理論値と比較すると特に大きな差ではないのです。

　結論として申し上げると、社長に向いている個性・向いていない個性はありませんが、業種によって向いている個性・不向きの個性は存在します。ですから、社長になることを目指す方は、自分の個性に向いている業種を選ぶことが成功の条件の一つになるのです。

３ 役員に向いている個性とは

　次に、役員（取締役）についての分析をします。

　2022 年 3 月現在の東証プライム（旧第 1 部）上場企業 1,799 社における役員 16,447 人の構成を見てみましょう。右表（表 4）は一人の個性が持つ内面と外面で、それぞれ 12 分類の組み合わせの合計 144 種類で集計したものです。

　集計結果から、社長の構成比については理論値と大きな差はありませんが、役員については大きな差があることがわかります。役員で一番多い内面の個性は「大物志向・完璧型」、一番少ない個性は「人志向・配慮型」でした（内面の個性の合計人数と理論値との差を右端の欄に表示しています）。

　それはなぜか？　そこに個性の持つ特性があるのです。

①内面完璧型が一番多い理由

　12 分類の中では、大企業での成功願望が一番強い個性は完璧型です。

②内面配慮型が一番少ない理由

　12 分類の中では、大企業での成功願望が一番弱い個性は配慮型です。

③外面配慮型が一番多い理由

「外面：配慮型」の役員が多い理由は、次のように考えられます。

　配慮型はとても謙虚です。全ての人に対して物腰柔らかく対応することができて、決して偉そうにすることがなく、自慢することもありません。ですから人望が集まって役員に引き上げられるのです。

(表4)＜東証プライム上場企業　役員個性分析　1,799社　16,447人＞

東証プライム　役員　内外面　個性集計　内面12分類×外面12分類　　　2022年3月現在

内面＼外面	外面												合計(人)	理/差※
	自然型	実績型	先端型	配慮型	独自型	悠然型	実益型	夢想型	敏感型	完璧型	挑戦型	努力型		
自然型				108		108		108				69	1,124	0.13%
実績型						115						158	1,633	3.23%
先端型			165							117			1,693	0.29%
配慮型									109		66		1,035	-3.71%
独自型							79		115				1,137	-3.09%
悠然型				166					118				1,624	-0.13%
実益型							108	72					1,080	-3.43%
夢想型					116	158							1,640	-0.03%
敏感型							78		116				1,171	0.12%
完璧型				187					119				1,700	3.64%
挑戦型		71				104							1,041	-0.37%
努力型		147							102				1,569	2.84%
合計(人)	1,363	1,358	1,402	1,496	1,364	1,370	1,344	1,393	1,316	1,265	1,389	1,387	16,447	0%
理/差※	-0.05%	-0.07%	0.19%	0.77%	-0.04%	0.00%	-0.16%	0.14%	-0.33%	-0.64%	0.12%	0.10%	0%	

※＜理/差＞とは、理論値と実際の構成比率との差を表しています。

④一番少ない個性の組み合わせは内面（配慮型）×外面（挑戦型）

　また144種類の中で内外面（配慮型－挑戦型）が最も少ない理由としては、大企業での成功願望が弱い配慮型にもかかわらず、外面の挑戦型が示す行動特性は即断・即決・即行動になりますから、このタイプの人は周囲にも同様の行動を求めてしまいがちです。オールマイティに仕事ができてスピードも速いのですが、部下を育てることは苦手です。ですから、大企業の役員向きの個性ではないのです。

　このように個性（性格）には、向いていること、向いていないことが歴然と存在するのです。この事実が理解できたなら、企業や組織の採用や配置に

大きなミスマッチは起きなくなります。従って、この表は個性の特徴を知るための宝の表ともいえるのです。

　上記の表では、2022年3月期の東証プライム（旧第1部）市場に限って分析、公表しましたが、現在、東証全市場の分析も終えています。上場企業役員というポジションはビジネスパーソンにとって最終到達点の一つであり、中でもプライム市場の企業で役員に上り詰めることは華やかな出世の称号といってもいいでしょう。そこには個性の意志がハッキリと数字に表れています。言い換えれば、こうしたデータ分析こそが個性學理論の証明であるともいえるでしょう。

　結論として申し上げると、上場企業役員に一番向いている個性は、内面の12分類が「完璧型」の人です。個性學の分類において完璧型は4分類が指揮官型、6分類は権威型、2分類では非現場型でありリスク型です。この分類の名称がそのまま、大企業の中で出世競争に勝ち抜き、役員としてしっかりと役割を果たすことにピッタリと当てはまっています。
　また、一番少ない個性は内面の12分類が「配慮型」の人で、4分類は前線部隊型、6分類は日々向上型、2分類は現場型でありリスク型です。残念ながら、この分類の名称からは「一番少ない個性」である理由を明らかにすることが難しいですが、前述した通り、配慮型は大企業での成功願望が最も弱いからだといえます。もともと組織内のポジションにはさほど興味がないのです。

第6章

天分経営のすすめ
——性格が経営を決定する

1 | 企業の経営は社長の性格によって決定する

1 3,600社超のコンサルティングで確信したこと

　本章では、これまで本書の中でたびたび触れた「天分経営」についてご説明しましょう。

「企業の経営は社長の性格によって決定する」

　こうした私の言葉を聞くと、個性學をご存じない方々は「そんなバカな！」と否定されることでしょう。

　個性學は1989年12月に理論体系が完成し、1993年にそれをまとめた拙著『天分を磨く』を発刊しています。そして私は1990年より現在まで経営者の個性について研究・検証を続け、個性學の理論を深化・進化させる日々を送っています。

　この期間に行った延べ3,600社超のコンサルティングを通して、私は個性學理論の精度を高め、そして「ほとんどの企業が社長の個性により経営されている」という事実を確信したのです。

　経営を数字で見ると、一般的にはざっくりと「売上−経費＝利益」で把握されています。しかし実際のところ、業種業態はもとより各企業によって売上の作り方、経費の考え方・使い方、利益の考え方や使い道に違いが生じます。そして私の調査によれば、実はその違いとは全て、社長の個性（性格）の違いだったのです。

　私がなぜ「天分経営」という言葉を作ったかといえば、第1章でご説明した通り個性學には個性の定義（天分＋トキ＋器）があり、その中の天分には生年月日に付与された「生得的な性格・能力・役割」という意味が含まれており、それこそが経営のエンジンとなっているからなのです。

　そして、経営者の皆さんに自らの個性を調べてもらい、長年のコンサルで得た検証結果をもとに天分経営および個性経営のアドバイスをしています。

天分経営とはその人の個性の「天分」を、個性経営は「天分＋トキ＋相性」の理論を活用する経営です。実際の経営は天分だけでは足りません。社長や社員のトキ、そして人間関係を司る相性も重要なのです。また企業活動だけではなく人間活動、社会で起きるほとんどの事件は天分だけが原因ではなく、トキや相性のどちらか、さらには「天分とトキ」「トキと相性」「相性と天分」また「天分・トキ・相性」が複雑に絡み合っている場合が多いのです。

従って、社会で起きる人間が関係しているあらゆる出来事や事件では、関係者の個性を分析することで原因がわかることが多々あるのです。

経営者の個性、例えば内面の３分類により、経営の内容は大きく変わります。

・内面が人志向の社長の経営➡人を大事にする傾向がある
・内面が城志向の社長の経営➡時間を大事にする傾向がある
・内面が大物志向の社長の経営➡心を大事にする傾向がある

内面が人志向の場合では、自然型・実績型・先端型・配慮型の四つの天分経営に分かれていて、さらに外面は12分類別の経営に分かれています（例：内面・自然型×外面・12分類）。

同様に、内面が城志向の場合では、独自型・悠然型・実益型・夢想型の四つの天分経営に分かれていて、さらに外面は12分類別の経営に分かれています（例：内面・独自型×外面・12分類）。

同じく、内面が大物志向の場合では、敏感型・完璧型・挑戦型・努力型の四つの天分経営に分かれていて、さらに外面は12分類別の経営に分かれています（例：内面・敏感型×外面・12分類）。

従って、経営の種類は大きくは内面３分類、さらにそれぞれ四つに分かれて12分類になり、さらには外面３分類も12分類に分かれ、計144種類に分類できるのです。

144種類の経営に関しては、将来本書を起点として大学、学術研究者、経済研究所、企業分析を行う機関で検証と分析を行っていただければ明らかになると確信しています。

○天分経営の確認

　それでは天分経営を上場企業から選んで確認してみましょう。まず、ワタミを例にとると、創業者の渡邉美樹会長兼社長の内面の3分類は大物志向です。大物志向の社長（創業者）が経営する企業のホームページには企業理念に「心」「世界一」「世界的」という言葉などが明文化されている傾向があります。

　実際にホームページを参照すると、次のように明記されています。

・ワタミグループのミッション
　「地球人類の人間性向上のためのよりよい環境をつくり、よりよいきっかけ
　　を提供すること」

・ワタミグループのスローガン
　「地球上で一番たくさんの"ありがとう"を集めるグループになろう」

・合言葉　　　一、心と心で、つながる未来へ
　　　　　　　一、心とからだの健康づくり
　　　　　　　一、人とともに、地球とともに

　先に述べたように、ミッション、スローガンそして合言葉には「地球人類」、「ありがとう」、「地球上で一番」という言葉が確認できました。そして合言葉には、そのものずばり「心」というワードが明記されているのです。

２ ビジネスの手法は３分類によって異なる

　第2章のカリスマ創業者の事例を見ればわかるように、経営者の性格によってビジネスの手法は変わります。

　具体的には、内面の3分類別に、同じ業種・業態であっても扱う商材や売り方など全てが異なるのです。

○人志向の社長の企業は「素材」や「新しさ」を

例えば、サイゼリヤの場合、以下になります。

正垣泰彦・会長・創業者　（内面：人志向・自然型）

「畑の味をそのままお店へ」

「サイゼリヤではお店に届くまですべての工程が4℃に保たれ、採りたての
おいしさをお客様にお届けしています」

（サイゼリヤホームページより）

○城志向の社長の企業は「便利さやコストパフォーマンス」を

例えば、セブン＆アイ・ホールディングスの場合、以下になります。

井阪隆一・社長　　　（内面：城志向・実益型）

鈴木敏文・創業者　　（内面：城志向・夢想型）

「次の便利の扉を開き、世界中に豊かな暮らしを実現する」

「『近くて便利』は日々、進化をつづけます」

（セブン－イレブン・ジャパンホームページより）

○大物志向の社長の企業は「心」を

こちらについては、先ほどワタミについての記述をお読みいただいた通りです。

　それぞれの企業の経営理念に掲げている言葉は、経営者の並々ならぬ決意
と希望と勇気の表明です。それは創業社長の性格（個性）からの発露であり、
それが企業の意思決定と行動特性の基本になっており、見事に3種類の個性
通りに分かれているのです。

3 社長の性格で役員構成も変わる

　本章冒頭で、私は社長の性格で企業の経営が決まると申し上げました。そ
れは経営の各部門を担う役員にも影響を及ぼします。
　例えば、以下の優良企業3社の役員構成（監査役を除く）について見てみ

ましょう。こちらは当社が各社の有価証券報告書から、それぞれ役員の生年月日を調査して構成をデータ集計したものです。

①人志向：正垣泰彦（サイゼリヤ会長・創業者）
　役員構成　（人志向：城志向：大物志向＝66.67％：16.67％：16.67％）

　正垣会長の内面は「人志向・自然型」ですから、役員は人志向が理論的構成比率（33.3％）に比べて圧倒的に多く、城志向、大物志向がとても少なくなっています。

（※理論的構成比率については25ページを参照ください）

②城志向：井阪隆一（セブン＆アイ・ホールディングス社長）
　役員構成　（人志向：城志向：大物志向＝23.08％：38.46％：38.46％）

　井阪社長の内面は「城志向・実益型」です。従って、同じ志向である城志向と順サーキュレーションの関係の大物志向の割合が、逆サーキュレーションの関係の人志向に比べて圧倒的に多くなっています。大物志向の理論的構成比率（理論値）は26.7％ですが、実際はそれよりも10％以上多いということは、多店舗展開や海外展開など「企業の拡大」が経営戦略の重要テーマになっているということです。

③大物志向：小川賢太郎（ゼンショーホールディングス会長兼社長）
　役員構成　（人志向：城志向：大物志向＝53.33％：26.67％：20.00％）

　小川会長兼社長の内面は「大物志向・完璧型」で、企業理念は「世界から飢餓と貧困を撲滅する」です。

　そのためには、「世界の食事情を変えることのできるシステムと資本力を持った『フード業世界一』企業」にならねばなりません。これを実現する資質を持つのは、大物志向なかでも完璧型の役割です。そして同社の役員に人志向が多い理由の一つ目は、人志向が大物志向から見て順サーキュレーションであることです。

　そして二つ目は「世界の食事情を変えることのできるシステム作り」は人志向の役割です。従って、同社の役員の割合は「大物志向＋人志向」が73.33％を占めているのです。

第7章

事業継承で考えねば
ならないこと

1 | 経営者が押さえておくべき 四つのポイント

事業継承で考えねばならないことは以下のポイントです。

1. 後継者の個性と経営者としての資質を確認する
2. 後継者のトキを考える
3. 後継者の個性と、これまで企業を支えてくれた幹部社員の個性の関係性を確認する
4. 後継者の個性と経営方針を社員の人事に反映させる

1 後継者の個性と経営者としての資質を確認する

本書でたびたび述べているように、経営の戦略、戦術は社長の性格によって決定されます。事業継承とは、Aという性格の経営者から、Bという性格の経営者へと経営の決定権が移行することですから、前社長は新社長にバトンタッチした瞬間に、それまで自分がやってきた経営はやがて消えてゆくものと覚悟しなければなりません。

企業経営において大事なことは、後継者がこれまでの経営に縛られることなく、お客様に支持され、継続し、発展し、成長する企業を作り上げることです。発展、成長のためには、売上や利益といった量的な価値観にとどまらず、質的な価値観で経営していくことも重要です。

個性學が多くのデータをもとに人間の内面、意思決定について考察した結果、人間とは自信を持って判断できる、遂行できると確信したことしか実行に移せない、ということが判明しています。

ですから、事業継承を考えている経営者は、後継者の個性と、経営者の資質を熟慮し、経営を譲った後は全てを任せきる覚悟を持つことが重要です。

2 後継者のトキを考える

第4章でトキについては詳述しましたが、継承が望ましい時期として、二つのタイミングが考えられます。

一つ目は継承者に敢えて厳しい経験をさせ、経営の手腕を磨かせるのに丁度よいタイミングです。この場合、前社長が心身ともに健康であることが重要で、新社長に何かあったときには第一線に復帰し、新社長をサポートしながら経営の舵を取ることが求められます。

二つ目は継承者にスムーズに経営を渡すことが期待できるタイミングです。個性學のトキの理論では好調期と低調期はおよそ10年周期で巡ってきますから、この周期を活用します。好調期に入った年に継承すれば、その後数年は大きな経営問題は起こらない可能性が高いのです。新社長は、この期間にしっかりと経営力を身に付けることができます。

3 後継者の個性と、これまで企業を支えてくれた幹部社員の個性の関係性を確認する

前社長と新社長の個性が変われば、社長を支える人材の個性も変わらざるをえません。場合によっては、人事異動などで最適の組み合わせを考える必要があるでしょう。

経営者が後継者を決める際には、幹部社員の事情までを深く理解して継承を考える必要があります。

例えば前社長の個性が非現場型で新社長が現場型の場合、前社長の個性が現場型で新社長が非現場型の場合、また、人志向同士、城志向同士、大物志向同士、サーキュレーションが順の場合、逆の場合など、周囲に置くべき人材の個性は変わってきます。

4 後継者の個性と経営方針を社員の人事に反映させる

ですから、新社長に経営権が移行したら、新社長の個性と経営方針を社員

の人事に反映させていかねばなりません。端的にいえば、新社長に合った個性を持つ社員を重要なポストに付けていくということです。

このような人事についての考え方やメソッドのことを、私は戦略的人事と呼んでいます。戦略的人事とは、経営の目的に焦点を当てて、合理的な採用、育成、配置を取る人事戦略です。

例えば、プロジェクトチームを立ち上げる際などにも有効で、新規営業に適したクリエイティブな能力、新規営業に適したアグレッシブな能力、どんなトラブルにも即時に対応できるフレキシブルな能力は、誰もが備えている個性ではありません。目的に合わせて特定の個性を備えた人々を採用することにより、そのプロジェクトは目標達成へと近づくのです。

5 重視するべきポイントは、「利益」以上に「個性」

ここまで、事業継承で考えねばならないこととして、四つのポイントを挙げて考えてみました。

多くの場合、企業の経営には社長の個性が反映されており、役員は社長が好む個性の人で固められています。社長の意図を理解し、即経営に反映させていくために、そうならざるを得ないのです。

大企業であれば、社長や上司が「右向け右」といえば社員が一斉に右へと動き出すように組織が出来上がっています。けれども中小企業の場合、そこまで組織の仕組みが完成されていません。社長と社員の距離は近く、互いの個性がぶつかり合い、経営や業績に大きく影響が出てきます。

ですから、個性が合わず常にぶつかり合っているけれど、人もいないし、辞めさせたくても辞めさせられません。そんなふうに、大企業ではありえないような混沌の中で経営していかなければならないのです。

第5章で確認した通り、社長に向いている個性、向いていない個性というものは特にありません。全ての個性の社長が様々な業種業態の企業のトップとして立派に経営されています。

ですから、理論的には全ての人が社長になり活躍できるのですが、後継者が選ばれる際には、何かと「経営者としての資質」がクローズアップされます。それは「経営とは儲けるもの」というイメージが万人に刷り込まれてい

るからだと思います。

　これまで何度も述べましたが、儲かるための経営ができるのは城志向の経営者だけです。人志向の経営者は利益よりも社員やお客様にとっていい会社になることを優先して、大物志向は利益よりも会社を大きく、誰もが知る存在に育て上げることを優先して経営をします。

　巨大企業や特殊な経営形態の事例は別として、経営者になるために特別な資質や才能などが必要なく、ほとんどの社長さんが自分の個性を活かした経営をされているのです。ですから、それぞれの経営者が自らの個性を知り、それに適した経営方針を取り、経営者の個性に合わせた役員人事を行うことで、経営は軌道に乗っていくということを忘れないでください。

　後継者選びに必要なのは、「儲けること」以上に、「個性に合った経営」を知ることであると認識していただきたいと思います。

第8章

個性學を
経営に活かす

1 個性學を活用して 私の会社はこう変わった

　今まで7章を通じて個性學理論、問題解決の事例を述べてきました。

　本章では実際に個性學を活用されている社長に寄稿をお願いしましたので、ぜひともご一読ください。

1 個性學との出合い

＜筆者紹介＞

F社長（北海道で和食チェーン19店舗を経営）

個性（内面：人志向・先端型－外面：大物志向・挑戦型）

　これまで多くの人に出会い、自分との違い、相手の特徴がわからず悩んだことは数知れない。仕事上の友人、リーダーたち。どうしてこの人はそのような考え方をするのか、お互い考えが共有できないのか？　また、採用に当たっては、面接時の印象と入社後の実態が異なることも多々あり、多くの失敗も繰り返してきた。

　そんなとき知り合いから個性學創始者の石井憲正先生を紹介された。「目からウロコ」だった。個性學との出合いは、そんな私の悩みや迷い疑いを十分に晴らしてくれるものだった。

　また、子育てにおいても然りである。人は自分の成功体験から子どもに同じやり方、同じように道を歩めば成功するはずだと思いがちである。自分がこうだから子どももこうであるはずだと。

　しかしながら遺伝子の半分は同じであっても個性、志向は全く異なるものなのである。そう考えられるようになると子育ても楽になった。これまで「早く！　急ぎなさい、急ぎなさい」と言っていた子どもに「ゆっくりでもいいよ」と言えるようになり、私自身待つことも覚えた。

　個性學に出合わなければ、このような子育てには気がつきもしなかったで

あろう（私は現場型、子どもは非現場型）。対従業員もまた然りである。

　※現場型は意思決定・行動に移るスピードが速い、非現場型はどちらも現場型に比べると 10 倍遅い。

2 個性學の活用について

　次に、私の会社の中での個性學の活用についてごくごく一部紹介をしたい。ただし、個人の経験値であるので、その辺は考慮願います。

①自分と各社員との距離感の認識

　それぞれの個性を見れば、自分と相手の個性が持つスピード感やエネルギーの違いが理解できる。そしてお互いの関係で生まれる様々なギャップを埋められる。

　私の個性は、内面が人志向・先端型、外面が大物志向・挑戦型、ともに突撃隊長型グループで、内面も外面もとにかく「早く早くと急かす」ように物事を進めがちである。そして気づいてみれば、私が採用した現場の主要なマネージャーたちは、実に先端型、実益型、挑戦型のいずれも「現場型で突撃隊長型」が多いのだ。彼らの決断や行動のスピードも私と同じであるため、彼らの結論は早く、結果も早期に表れる（完成度については別として）。そして仕事は、進めながら修正、そしてまた進んで修正といった具合である。

　その一方で、「この案件、どうなっているのか？　進んでいないな」と思えば、そのメンバーの個性はだいたい自然型や完璧型、実績型（非現場型で参謀型・指揮官型）など。そのように個性を知れば「あー、だから遅いんだな」と納得感があるのだ。

　しかしながら、スピードの速度とその完成度は別物である（彼らは、進みながら完成していくのではなく、じっくり検討し、アウトプットする）。現場型、非現場型、どちらが優れているということではなく、課題の解決方法が違うだけで、完成度に優劣はないからだ（レベルの差はある）。

　仕事はそんなふうに個性を見ながら、割り振るようにしている。

②個性の分類「生き方」に見られる相手の特性

特に顕著に見られるのは「生き方：鋭敏率直」である。

部下から、「あの人、あの上司、非常に物言いが厳しい」とか「口うるさい」と言われる場合には、その人の個性に「生き方：鋭敏率直」が入っている場合が多い。またそのような相談事をしてくる社員の個性は人志向が多いようだ。その言葉の本質や何を意図して言っているのかということよりも、その表現や言い方を感情的に捉えている場合が多いようにも思う。そんな相談事は「個性のせい」にして、その言っていることの本質を導いてあげると納得するケースが実に多いように感じるのだ。

また、「生き方：品行方正」には、そのもののあるべき形を示しながら物事の依頼をすると「四角いものは四角に、丸いものは丸く」非常におさまりが良く仕事を完成させてくれる。その意味では、混沌とした流動性がある案件に臨機応変に対応するのには意外と向かないと感じる。

③4分類の活用

新規に出店する場合には、社員からアルバイトまで、「4分類：突撃隊長型」を選んでチームとして出店準備と開店をさせるように心がけている。

とある店舗の出店をしたときに、そのリーダーが独自型だったことがある。開店準備が始まっても、いつも1人奥で何か考えごとをして、皆に指示をする訳でもなく、「今はそれをやるときじゃないでしょう」と言いたくなることをやっている（ように見える）。それも1人で。

そのうちに周りの突撃隊長型（先端型・挑戦型・実益型）たちがブツブツと騒ぎ始め、いよいよ挑戦型が我慢できずに独自型のリーダーとぶつかるという事例があった。

逆に突撃隊長型を集めると、誰の指示を受けるでもなく、あれこれと準備を始め、勝手にその中で役割分担が出来上がっていく。出店準備にも手間がかからないし、立ち上がりも早い。

しかし、立ち上がって慣れてくると、今度は勝手に別のことをやり始めて違った方向に進むか、そうでなければ途中で飽きてしまうので、店の劣化も早い。そのようなときには徐々に前線部隊型を混ぜて、最後に指揮官型のスタッフを1人か2人配置することにより、長期間にわたり店舗が非常に安

定するのだった。

④内面の12分類

（お節介で）話上手な従業員がいる。彼らの個性は城志向・夢想型が多い。夢想型は聞き上手でもある。相手の話を十分に聞いてから、自己の目的に向かってしっかりと話を落とし込んでいく。実に巧みである。

城志向・独自型については、成熟した独自型は本物であると感じる。彼らの知見は奥が深く、その分野での引き出しも多い専門家であることが多い。深掘りしたい案件や専門性が高い案件は、独自型に相談してみると面白い結果が表れることも多い。

⑤内面と外面

12分類については、内面の特徴と外面の特徴は入り乱れることがあると感じるので、見た目や表情行動など先入観で判断すると大きく間違ってしまうことがあり要注意である。

・判断法（外面：大物志向・努力型）

面接時にあまり表情が豊かではなくサバサバしていても、その人物の外面が「大物志向・努力型」などであれば仕方がないのだ。そして、その内面が「城志向・実益型」などであれば、反応が速く表情が豊かで、必ず笑顔が見られて仕事も早い。面接官は個性學を知らなければ、この努力型を不採用にしたかもしれない。

私も個性學を知らずに、第一印象などの表面的な部分が本質的な部分だと勘違いをして失敗したことは多々ある。採用時には個性をしっかり調べて、相手の内外面の個性を念頭において、よりじっくりと面談し、深く内面を探るようにしている。

・判断法（内面：大物志向・挑戦型）

内面が「大物志向・挑戦型」、外面が「大物志向・努力型」のスタッフがいる。

彼は今何が流行っているのか、旬なのかと探すことがどの社員よりも上手

141

である。有名な店、料理は彼らの頭の中に常にインプットされている。企画を考える際には、彼に相談するとトレンドに遅れることはない。

・判断法（内面：人志向）

　最近、社員から人間関係についての相談が多くなってきた。

　気が付いてみればリーダーのほとんどが私と同じく内面が人志向である。人志向はチームの和を大切にする、その一方で他人の気持ちを気にしやすいし、相手の言葉や態度が心に残りやすい。城志向は喧嘩もするが、意外にさっぱりと後腐れがない。当社においては、今後のリーダー等の分布も見直し、業態に合わせて再構築してゆく時期かもしれない。

　以上、個性學を経営に活かした事例をご紹介しました。

　個性學は「人間の意思決定・行動・役割」の新しいメソッドであり、全ての企業だけでなく、全ての組織、全ての人に有効なメソッドなのです。

　組織の良いパフォーマンスを生み出すためには、まさに「あきらめる＝明らかに個性を認める」のが近道であることに間違いはないと感じています。

3　「あきらめる」ということ

＜著者からの解説＞

　第３章の事例４でも触れましたが、個性學では相手の個性を認めることを「あきらめる」と表現しています。これは「諦める」のではなく、相手の個性を「明らかに認める（理解し認める）」ことを「あきらめる」と表現しているのです。

　私も過去には社員を教育し、その性格を変えようと、長年にわたってありとあらゆることをやってみましたが無駄でした。また、私がコンサルティングを担当した多くの社長さんのご相談も、社員を何とか変えたいというものがほとんどでした。

　しかし人間の性格は基本的に変わりませんし、他人が変えることはほとんど不可能です。そして、そこから出てきた言葉が「あきらめる」なのです。

　一方で、変えることができるのは態度、行動、姿勢です。

社員教育の場で、「人は変えられないけど自分は変えられる」という有名な言葉がたびたび取り上げられますが、これも間違いだと思います。「性格は変えられない、だとしたら、そのまま＝素のままをきちんと認め、適所で仕事をしていただこう」という考え方が個性學なのです。

そういうわけで個性學は性格の特定からスタートしているのです。

例えば、個性學の2分類である「現場型」と「非現場型」は、意思決定と行動のスピードを明らかにする分類です。現場型は非現場型に比べて、意思決定や行動に移るスピード、行動そのものが何倍も「早い」のです。これはどんなに頑張っても変えようがありません。もともと一人ひとりが持っているエンジンの回転数が違う状態をイメージしていただけるとよいと思います。優劣ではなく、そういう特徴を持っているということです。

ですから、非現場型の人にはスピードが不要な役割、現場型の人にはスピードが求められる役割を与えればよいのです。非現場型の個性の人に「早く」という言葉は不要であり、現場型の「ゆっくり」も不要です。要するに、その人自身ができないのではなく、その人の個性ができないのです。

得意でないこと、できないことをさせている上司やリーダーの皆さんが、こういう分類をきちんと理解していれば、お互いに気まずい思いや悩むことは大幅になくなるでしょう。そうすれば上司も部下も互いに納得して仕事をしたり、信頼関係を築いたりすることができるはずです。

個性學がわかる
10のコラム

個性學が広まっていない理由

　個性學は人間を理解し、人間本来の生き方、役割についての理論体系であり実践学です。残念ながら、いまだ科学的な検証や学術研究者の確認がなされておらず、独断と偏見の産物であるともいえます。加えて、個性を決定するキーは生年月日です。この学問が容易に広がることは難しいでしょう。

　ところで、私が研究所を発足して間もなく、経営者セミナー会社の主催で「事業運」というタイトルのセミナーを開催したときに、東京と大阪の2会場で1,000人を集客しました。このとき一番驚いたのはセミナー会社でしたが、このセミナーの時点では、個性學はまだ完成していない状態であり、高度な占いのセミナーといった内容でしかなかったのです。

　このときにわかったことは「経営者は占いが好き」ということ、そして、経営者は経営に役立つことであれば、どんなことでもどん欲に学ぼうとされる気概があるということでした。結局、一気に50社の顧問先が決まり、その4年後、めでたく個性學が誕生したのです。

　私は個性學を創始した後、天分経営を普及するために、全国各地で数年にわたって年間200回程度のセミナーを行いました。けれども、十分な理解は得られず、一方で東京で開催される経営セミナーには、全国から意識の高い熱心な経営者が学ぶために上京されていました。

　地方とのギャップを感じ、新しい顧問先を募ることは控えて、私は当時の顧問先に集中して天分経営を磨きました。つまり、天分経営を普及させることよりも、顧問先のニーズに応えることによって個性學を進歩させ、深化させてきたのです。

　1995年から約30年、10人に満たない社員とともに研究・検証・セミナー・講演・執筆・コンサルティング等を行ってきました。あまりに多忙な毎日を過ごしてきたため、個性學は生年月日への偏見という高いハードルを超えることができず、また、個性學を広めるための商品づくりや普及活動もできませんでした。

　個性學を活用するためには、多くの人が抱く生年月日への偏見というハー

ドルを超えねばなりません。そして、そのためには科学的検証が不可欠ですが、いまだに大学や学術機関には研究の手を挙げていただけていません。

　しかし数年前、研究所に大変に有能なシステムエンジニアが入社してくれてから事情は変わりました。私がほしいデータの収集、個性學的集計、解析が容易にできるようになり、科学的アプローチも可能になったのです。その結果は私の期待通りであり、また理論の面からは考えつかなかった、多くの新しい視点を得ることもできました（第5章参照）。

　読者の皆さんは、当社が販売している「気質と性格」という1枚のレポートをぜひともご一読ください。この1枚のレポートで、個性學の精度をたちまちご理解いただけると思います。

　そして現在、個性學のデータベース（「個性學ONE」に搭載）は東証上場企業の社長、役員、政治家、アスリート、タレント、そしてさらにはノーベル賞受賞者、科学者など10万人のデータを搭載しています。こちらを確認いただければ、個性學という学問のレベルの高さをご理解いただけると確信しています。

　個性學は始まったばかりで、その本領を発揮するのはこれからなのです。

同じ生年月日の人は同じ運命なのか

　このような疑問を誰もが抱くことでしょう。

　まず、全ての人は異なります。生まれた両親、現在の環境、育った環境、学校教育、スポーツ、学歴、職業、そしてさらに、言葉、文化、宗教など、一つとして同じものはありません。

　人生で起きることも全てが同じものではなく、最初から決まっていません。「人は生年月日によって同じ個性の分類に属することがある」「同じ個性の分類に属する人は同じ傾向を持っている」という事実があるだけです。

　そして何よりも驚くべきことは、どんな環境に生まれ育とうと、同じ生年月日であれば天分の類型表そのものが同じ、すなわち意思決定、行動特性、役割が同じであるということです。

　私は運命を次のように考えています。

　個性學では、まず自分の個性を知ることから始まります。個性の中で天分とトキの流れは決まっていて、変えることができません。また、天分には役割があります。

　ただし、役割を全うするには様々な能力を必要とすることが多くあります。一例として、夢想型は医療にかかわる仕事が一つの役割と定義されている個性ですが、医師になるには医学部で学び、国家試験に合格する能力が必要です（ただし、医療の分野にも様々な職種が存在します）。

　従って、試験に合格した上で、天分をしっかりと自分のものにした人は、自信を持ってトキのサイクルを活かし、相性に気を配り、天与の役割を全うすべく生きることによって、思うように生きることができます。

　運命については「なりたい自分」を目指して「命を運んでいくこと」と捉えており、それは生年月日で決まっているわけではありません。同じ生年月日であっても一人ひとりの運命は異なります。運命は異なりますが、同じ状況、環境において、同じ意思決定をし、同じ行動をとるのです。

個性學と占い・運命学

　占いは星占い、タロットカード、手相、数秘術などの様々な形式によって、未来に関する予測をし、そこで起きる可能性を示唆する情報を与えることに主眼が置かれています。一方、運命学は天文学、数学、哲学、心理学、神秘主義、西洋占星術の知見などを組み合わせた、より総合的なアプローチによって、人生の方向性や目的を理解します。そしてその作業を通じ、人々の潜在的な能力を引き出し、最大限に活用することを目的としています。

　多くの人々にとって、占いや運命学は、自己探求や個人成長のための有用な道具と考えられています。

「自分はそんなもの信じない、自分の力で生きるんだ」と拒絶したり、「占い？　運命学？　生年月日？　そんなの知らないよ」と却下したりすることは簡単です。しかし、ふと占った答えが思ってもみなかった良い解決方法になるかもしれないのです。それぞれの本質をしっかり理解し、ときには活用してみることも賢い生き方ではないかと思います。

　占い、運命学と個性學の違いとは何でしょうか。前者の二つは「個」を扱うにもかかわらず、「個」を決めることができません。

　その一方で、個性學は類型化された「個」の特定から出発します。個性學において重要な位置を占める天分には、意思決定・行動特性・役割、そして生き方、さらには能力が、生涯変化しない特性として付与されていると考えます。

　ですから個性學は運命学のような総合的な学問ではなく、自分が誕生した意味を知り、それを全うし幸せになるための学びであり、実践学なのです。運命を推し量るものではなく、自分自身の個性を知り、個性を活かし、そのままの個性で幸せに向かって命を運ぶ、つまりは運命を創る学びなのです。

WBC2023・侍ジャパンのチーム構成を
個性學から考える

　2023年3月に第5回WBC（ワールド・ベースボール・クラシック）が開催され、日本代表チーム（侍ジャパン）が全勝優勝して世界一の座を奪還しました。

　チームではトップである監督がその意志をメンバーに浸透させて、それを成果に反映させます。個性學の観点から見ると、栗山英樹監督のメンバー選出は実に見事でした。以下はメンバー全員の個性の3分類の人数と割合、および米国との決勝戦で選出された先発メンバーの個性のデータです。

＜**2023侍ジャパン　メンバーの3分類の人数と割合**＞

監督・栗山英樹（内面：人志向・配慮型）

	人数	人志向	城志向	大物志向	
コーチ	7名	5名	1名	1名	城志向と大物志向の2名の外面は人志向
選手	32名	12名	10名	10名	故障交代の2名含む
割合	100%	43.6%	28.2%	28.2%	

※野手の先発メンバーは、人志向5名、城志向1名、大物志向1名と偏っていた。

＜**2023侍ジャパン　選手の個性12分類と決勝戦のトキ**＞

決勝戦の先発メンバー					決勝戦のトキ		
背番号	ポジション	氏名	内面12分類	外面12分類	2023年	3月	21日
89	監督	栗山英樹	配慮型	実績型	社交	変革	浪費
21	投手	今永昇太	敏感型	独自型	整理	行動	収穫
27	捕手	中村悠平	先端型	敏感型	行動	余波	完成
2	内野手	源田壮亮	先端型	実益型	収穫	完成	行動
25	内野手	岡本和真	配慮型	悠然型	収穫	完成	行動
1	内野手	山田哲人	独自型	配慮型	行動	余波	完成
55	内野手	村上宗隆	敏感型	配慮型	焦燥	収穫	整理
8	外野手	近藤健介	先端型	実益型	浪費	焦燥	変革
23	外野手	ラーズ・ヌートバー	先端型	夢想型	行動	余波	完成
34	外野手	吉田正尚	実益型	先端型	変革	整理	焦燥

　チームの中心は、大谷翔平選手とダルビッシュ有選手。共に栗山監督とは旧知の仲であり、互いに言葉を尽くさずともわかり合える関係であることは数多く報道されていました。この2名の投手は表にはありませんが、内面の個性が同じ「人志向・配慮型」です。まさに、一つの目標に向かって以心伝心という関係でしょう。

　人志向は、まず何よりもチームワークを重んじ、真面目に仕事をし、互いに信頼を高め、その信頼に基づいて行動します。

　城志向の吉田正尚選手（実益型）は点を取るチャンスにめっぽう強く、今大会の打点王に輝きました。実益型はチャンスに強い個性なのです。

　大物志向では、前年に最年少でセ・リーグ三冠王に輝いた村上宗隆選手（敏感型）が大きな期待を背負いつつ不調にあえぎました。それでも準決勝の最終回ではここぞと気持ちを切り替え、渾身の一振りで劇的に試合を決めました。これぞ敏感型、これぞヒーローです。

　同じようなシーンは、2009年に開催された第2回大会でイチロー選手（敏感型）にもありました。敏感型はヒーローになることが目標で、日々努力しています。2人とも見事にヒーローとして、ファンの祝福を浴びました。

　第5回大会の侍ジャパンは人志向のトップが選んだ人志向中心のチームでした。そしてその中で、城志向は点を取る役割、大物志向は最後に決めてヒーローになる役割をしっかりと全うしたことが、輝かしい成果につながったといえます。

　また、決勝戦で先発した今永昇太投手の内面は大試合ほど燃える大物志向・敏感型で、見事に期待に応えてくれました。加えて、外面の独自型はどんなときにも平常心で戦える個性です。WBC決勝戦の先発投手として、これ以上の個性は見つかりません。

巨人軍・原前監督と桑田前投手コーチの対立

　2022年のシーズン終盤、桑田真澄一軍投手チーフコーチ（当時）はクローザー「大勢投手」を連投させたくないと"クビ覚悟で"原辰徳監督に意見していました。しかし、チームの不振が続けば原監督（当時）も背に腹を代えられなくなります。6月には連投を解禁し、終盤の9月に入るととうとう3連投を解禁すると発表しました。

　それに不満を持った桑田氏は9月中旬に番記者たちを前に「原批判」を始めたそうです。

（出典：「巨人・桑田コーチは『大勢』の連投をめぐり"クビ覚悟で"原監督に意見していた」デイリー新潮・2022年10月26日掲載）

　2人の対立は、原前監督の個性（内面：大物志向・努力型）と、桑田前投手コーチの個性（内面：人志向・自然型）の違いが原因です。

　大物志向はどんなときでも今すぐに結果を出すことが最優先です。プロ野球において結果とは「勝つ」ことです。今日、勝つために最善の策を実行します。従って、原前監督の基本的な投手起用法は「ピンチになったらより抑えられる可能性の高い投手に即交代」が原則であり、マシンガン継投を容赦なく行います。

　一方の桑田前コーチは自然型ですから、敢えていえば「今よりも未来が大事」で、一人ひとりを丁寧に育てる資質の持ち主です。自然型は物事の本質を捉え、時間をかけて一つのことを深く理解し、育て、活かそうとします。選手が実力をつけて大輪の花を咲かせるため、今何が必要なのかを考え、そこに注力して一人ひとりを育てたいのです。

■故星野元監督と落合元監督の違い

　かつて中日の監督をしていた故星野仙一監督と「オレ流」の落合博満監督が、ドラフトで獲る選手についてスカウトに依頼したと伝わる言葉を紹介します。

　故星野元監督は「10年後にエースに成長する選手を獲れ」と言いましたが、落合元監督は「即戦力がほしい」と2004年のドラフトでは高校生を獲りま

せんでした。故星野元監督は（内面：人志向・自然型）、落合元監督は（内面：大物志向・努力型）ですから「原＝落合、桑田＝星野」という関係です。

　桑田前コーチは自分の体験、そして自然型という資質によって「一人の選手生命がかかっているようなケース」では、自分のクビをかけても監督に反する意志を貫くことができます。もし桑田前コーチが努力型であれば、原前監督の指示は当然だと考え、すぐさま指示に従ったことでしょう。

　これは、結局どんな立場になろうとも、人は生まれ持った個性をもとに意思決定し行動することの証明です。人はそれぞれの個性の役割を果たすために生きているのです。

アニメ「宇宙戦艦ヤマト」の制作スタッフ

　かつては子どものものとされていたアニメ作品を中高生から大人までが視聴し、映画公開時には社会現象ともいうべき一大ブームとなった「宇宙戦艦ヤマト」。テレビや映画、音楽、キャラクター商品、ゲーム、他業界とのコラボなど、この作品をもとに様々なビジネスが展開されました。

　その主な制作陣（影響を受けた作家を含む）の個性は、以下の表の通りです。

<　「宇宙戦艦ヤマト」（1974年放映）制作メンバー　個性一覧＞

役職	氏名	個性（内面－外面）
企画・原案・プロデューサー	西崎義展	城・悠然－大物・完璧
（影響を受けた作家）	海野十三	城・悠然－城・独自
（影響を受けた作家）	南洋一郎	城・悠然－人・自然
監督・設定デザイン	松本零士	城・悠然－人・配慮
（影響を受けた作家）	司馬遼太郎	城・悠然－人・自然
SF設定・監修	豊田有恒	城・悠然－城・悠然
監修・脚本	山本暎一	城・悠然－城・独自
脚本	藤川桂介	城・悠然－城・悠然
音楽	宮川　泰	城・実益－大物・努力
主題歌・作詞	阿久　悠	人・実績－城・悠然
主題歌・歌手・声優	ささきいさお	城・悠然－城・悠然
ナレーション	木村　幌	城・独自－城・悠然
声優	富山　敬	城・夢想－人・配慮
声優	麻上洋子	城・悠然－人・先端
声優	伊武雅刀	城・悠然－城・夢想
声優	仲村秀生	大物・敏感－城・悠然
声優	青野　武	城・実益－城・独自
声優	平井道子	城・独自－大物・努力
制作に参加	富野由悠季	城・悠然－人・自然
制作に参加	安彦良和	人・先端－城・悠然

（敬称略）

＜制作メンバー　個性（内面）の集計＞

城志向				人志向	大物志向	合計
悠然型	独自型	実益型	夢想型			
12名	2名	2名	1名	2名	1名	20名
60%	10%	10%	5%	10%	5%	100%

　ご覧いただくと一目瞭然で、ほとんどのメンバーが（内面：城志向・悠然型）で占められたチームになっています。内面が悠然型でない人は外面に悠然型を持つか、内面が同じ城志向（3分類）の個性を持つ集団でした。

　これはつまり、価値観・意思決定・行動特性が同じ人間がチームを組んで作品を作り上げたということです。そのため、作品のテーマ、目的、表現にはブレがなく、企画当初の熱意がそのまま作品化されて世に出されたという、稀有な作品といえます。

　城志向の中でも悠然型は「役割」に生きる個性であり、全体像をイメージして、自分が任された役目をしっかり果たします。いちいち細かいアドバイスやチェックは要りません。お互いが同一の価値観で仕事をしているため、産みの苦しみはあったにせよ、メンバーそれぞれが自分らしく、大変に楽しい仕事時間を過ごしていたと思われます。

　後日、プロデューサーの故西崎義展氏と総監督の故松本零士氏は、著作権を巡って訴訟を起こしましたが、後年に和解し、現在も「宇宙戦艦ヤマト」は誰もが楽しむことができます。

　また、制作に参加していた富野由悠季氏は西崎氏に反発し「打倒西崎」を掲げて「機動戦士ガンダム」を企画し、そこに安彦良和氏の業績も加わってその後の「ガンダム」ブームにつながりました。

サーキュレーションと政治

　個性の分類は、コンテンツビジネスの世界ばかりに適合するものではありません。第4次安倍第2次改造内閣（2019年）と第2次岸田改造内閣（2022年）の組閣メンバーの3・12分類の構成を比較してみましょう。

＜2019年9月11日発足　第4次安倍第2次改造内閣メンバー＞

主な職名	氏名	内面3分類	内面12分類
内閣総理大臣	安倍晋三	人志向	自然型
国家公安委員会委員長ほか	武田良太	人志向	自然型
外務大臣	茂木敏充	人志向	自然型
内閣官房長官ほか	菅　義偉	人志向	実績型
防衛大臣	河野太郎	人志向	先端型
環境大臣ほか	小泉進次郎	人志向	先端型
法務大臣	河井克行	人志向	先端型
一億総活躍担当大臣ほか	衛藤晟一	人志向	先端型
経済再生担当大臣ほか	西村康稔	人志向	配慮型
厚生労働大臣ほか	加藤勝信	城志向	独自型
東京五輪担当大臣※ほか	橋本聖子	城志向	独自型
総務大臣ほか	高市早苗	城志向	独自型
文部科学大臣ほか	萩生田光一	城志向	悠然型
副総理・財務大臣ほか	麻生太郎	城志向	実益型
内閣府特命担当大臣ほか	北村誠吾	城志向	実益型
国土交通大臣ほか	赤羽一嘉	大物志向	敏感型
農林水産大臣	江藤　拓	大物志向	敏感型
復興大臣ほか	田中和徳	大物志向	挑戦型
経済産業大臣ほか	菅原一秀	大物志向	挑戦型
情報通信技術(IT)政策担当大臣ほか	竹本直一	大物志向	挑戦型

※正式名称（東京オリンピック競技大会・東京パラリンピック競技大会担当大臣）　　　　　　　　　（敬称略）

＜第4次安倍第2次改造内閣　内面3分類構成比＞

内面3分類	人数	割合	理論値	差
人志向	9名	45.0%	33.3%	11.7%
城志向	6名	30.0%	40.0%	-10.0%
大物志向	5名	25.0%	26.7%	-1.7%
計	20名	100.0%	100.0%	0.0%

＜2022年8月10日発足　第2次岸田改造内閣メンバー＞

主な職名	氏名	内面3分類	内面12分類
経済再生担当大臣ほか	後藤茂之	人志向	実績型
デジタル大臣ほか	河野太郎	人志向	先端型
総務大臣	松本剛明	人志向	配慮型
経済産業大臣ほか	西村康稔	人志向	配慮型
厚生労働大臣	加藤勝信	城志向	独自型
経済安全保障担当大臣ほか	高市早苗	城志向	独自型
文部科学大臣ほか	永岡桂子	城志向	独自型
農林水産大臣	野村哲郎	城志向	独自型
外務大臣	林　芳正	城志向	悠然型
内閣府特命担当大臣（地方創生）ほか	岡田直樹	城志向	実益型
内閣総理大臣	岸田文雄	城志向	夢想型
国家公安委員会委員長ほか	谷　公一	城志向	夢想型
復興大臣ほか	秋葉賢也	城志向	夢想型
法務大臣	齋藤　健	城志向	夢想型
内閣府特命担当大臣（少子化対策）ほか	小倉將信	城志向	夢想型
防衛大臣	浜田靖一	大物志向	完璧型
内閣官房長官ほか	松野博一	大物志向	完璧型
環境大臣ほか	西村明宏	大物志向	挑戦型
国土交通大臣ほか	斉藤鉄夫	大物志向	努力型
財務大臣ほか	鈴木俊一	大物志向	努力型

※一部、発足後に交代したメンバーを加えています。（敬称略）

＜第2次岸田改造内閣　内面3分類構成比＞

内面3分類	人数	割合	理論値	差
人志向	4名	20.0%	33.3%	-13.3%
城志向	11名	55.0%	40.0%	15.0%
大物志向	5名	25.0%	26.7%	-1.7%
計	20名	100.0%	100.0%	0.0%

それぞれ156、157ページの表をご覧ください。故安倍晋三元首相の内面は人志向、岸田文雄首相は城志向です。各表でおわかりのように、二人が首相を務める内閣の3分類の構成は、首相と同一の内面の3分類が突出して多くなっています。

　本編でもご説明しましたが、個性學の法則ではこうした事態が生じる理由をサーキュレーションの法則と呼んでいます。

　本来であれば、人の個性における3分類（人志向、城志向、大物志向）の構成比（存在比率）は33.3%、40.0%、26.7%です。前述の表にある構成比が示すものは、首相と価値観を同じくする人が選ばれているという事実です。すなわち、故安倍元首相は人志向、岸田首相は城志向中心の内閣の構成になっているのです。

　このことは全ての組織、例えばスポーツチームなどでも同様です。2022年に行われたFIFAワールドカップや前述した2023年のワールド・ベースボール・クラシックでも、選ばれた選手の個性は監督の個性によって大きく左右されていました。

金メダリストたちの言葉

　2008年の北京オリンピック、2012年のロンドンオリンピックでの金メダリストたちの第1声をご紹介します。金メダリストたちは優勝した瞬間、喜びの言葉を無意識に語ります。その言葉は個性の内面の3分類ごとに異なっており、3分類が同じであれば同じ種類の喜びの言葉が語られています。

- ・大物志向は「達成感」
- ・城志向は「楽しかった」
- ・人志向は「金メダルに恥じない人間になる」

　優勝の瞬間の言葉は、考えた言葉ではなく素のままの言葉です。常日頃のその人の言葉（意思決定）で表現されるのです。すなわち、3志向同士は同じことを考え、同じ言葉を発するのです。以下、内外面の12分類とともに言葉を見ていきましょう。

■2008年北京オリンピック

＜大物志向＞

- ・谷本歩実（完璧型－先端型）柔道女子63キロ級
  アテネに続いての連覇は「**大きな達成感と喜びがある**」
- ・上野雅恵（敏感型－先端型）柔道女子70キロ級
  「**やったな！というより達成感でいっぱい**」
- ・吉田沙保里（完璧型－完璧型）レスリング女子フリースタイル55キロ級
  「**3連覇を狙いたい**」※金メダルを取った直後に次の目標を宣言している。

＜城志向＞

- ・北島康介（夢想型－努力型）水泳・競泳男子100メートル・200メートル平泳ぎ
  「**五輪は楽しかった。楽しめた**」「**チョー気持ちいい**」
- ・上野由岐子（悠然型－実績型）ソフトボール女子
  「**楽しんだ、楽しかった**」

・石井　慧（実益型－敏感型）柔道男子 100 キロ超級
「一本にこだわらない。勝てばなんでもいい」
今後は？「しばらく遊びたいです」

■2012年ロンドンオリンピック
＜大物志向＞
　・吉田沙保里（完璧型－完璧型）レスリング女子フリースタイル 55 キロ級
　「最高の舞台で最高の形で終われて幸せ」
＜人志向＞
　・村田諒太（先端型－自然型）ボクシング男子ミドル 75 キロ級
　「僕なんかがメダルを取っていいのかなと思いますね。本当に与えられた
　ものが僕には大きすぎますし、少し裕福すぎるかもしれないです」
　としみじみ言った。涙はない。
　「これがゴールだったら泣き崩れているかもしれないけど、そういう感情
　も浮かばなかった。これ（金メダル）が僕の価値じゃない。これからの
　人生が僕の価値。恥じないように生きていく」

2023−2024箱根駅伝　明暗を分けた駒澤大と青山学院大

　2023年1月2・3日に開催された第99回東京箱根間往復大学駅伝競争は、駒澤大学が2大会ぶりの優勝を飾りました。往路復路とも1位の完全優勝となり、2022年シーズンの大学三大駅伝（出雲・全日本・箱根）3冠を達成したことになります。

　この素晴らしい業績は、個性學のトキの観点からも説明することができます（トキについては本書の第4章をご覧ください）。

■"まさか"の＜焦燥＞を経験した青山学院大

　駒澤大・大八木弘明監督の内面の12分類は夢想型で、事前にトキを調べてみると＜社交年・社交月・2日余波、3日焦燥＞であり、3冠の獲得に期待が持てました。一方の青山学院大学・原晋監督は実績型で、トキは＜焦燥年・焦燥月・2日浪費、3日行動＞。監督がこのトキであることから、青山学院大の波乱が予測されました。

　青山学院大は5区に出場予定だった若林宏樹（2年）が1日に体調不良を訴えて欠場。代わりに6区出場予定だった脇田幸太朗（4年）が山を上り、区間9位。脇田に代わって6区を走った西川魁星（4年）が大苦戦。連覇への歯車は大会前に破綻していたことが読み取れます。

　原監督自身も「5区、6区は"まさか"がある」と発言していましたが、その通りになってしまいました。まさかレースの直前に、こんなことが起こるなんて！　原監督にとって今大会の日程は＜焦燥＞の年と月の＜ダブル焦燥＞であり、まさに＜焦燥＞を経験されたのです。

＜2023年　第99回東京箱根間往復大学駅伝競走　監督の個性＞

大学名	監督 氏名	総合順位	内面3	内面12	外面3	外面12	2023年	1月	2日
駒澤大学	大八木弘明	1	城志向	夢想型	人志向	実績型	社交	社交	余波
中央大学	藤原正和	2	人志向	配慮型	大物志向	挑戦型	浪費	浪費	研究
青山学院大学	原　晋	3	人志向	実績型	大物志向	敏感型	焦燥	焦燥	浪費
國學院大學	前田康弘	4	人志向	実績型	大物志向	敏感型	余波	余波	行動
順天堂大学	長門俊介	5	人志向	配慮型	人志向	先端型	社交	社交	余波
早稲田大学	花田勝彦	6	人志向	先端型	城志向	悠然型	社交	社交	余波

■ "まさか"の＜浪費＞を経験した駒澤大

そして2024年の箱根駅伝となります。駒澤大の強さは誰もが評価するところで、2年連続の3冠が期待されました。

新しく就任された藤田敦史監督のトキは＜浪費年・余波月・2日焦燥、3日社交＞です。＜浪費＞と＜焦燥＞の組み合わせにより、昨年の大会で青山学院大・原監督が経験されたトキの影響が予測されました。

＜2024年　第100回東京箱根間往復大学駅伝競走　藤田敦史監督の個性＞

大学名	監督 氏名	総合順位	内面3	内面12	外面3	外面12	2024年	1月	2日
駒澤大学	藤田敦史	2	人志向	先端型	人志向	先端型	浪費	余波	焦燥

結果は青山学院大の圧勝です。原監督は試合後、次のように本音を吐露しました。

「勝つつもりはあるけど、勝てる気がしなかったです。勝てないよ、普通。あれ、勝っちゃった〜って感じ。去年ぐらいからもう勝てない時代になってきたと思っていた」

(出典：「『勝てる気がしなかった』まさかの"優勝"に原監督も驚き隠せず！ 5日前には『準優勝でもいいよ』と弱気発言も【箱根駅伝】」THE DIGEST・2024年1月4日掲載)

駒澤大では、2023年は大八木前監督が＜社交＞の年で機が熟して3冠達成、2024年の藤田監督は＜浪費＞の年でまさかの大差で2位となりました。一方、青山学院大の原監督は2023年が＜焦燥＞の年でまさかの3位に終わり、2024年は＜余波＞の年で思いがけず首位奪還です。

2024年大会当日の1月2日、藤田監督は＜焦燥＞の日で、それは「思い通りにならない。つまずく可能性が高い」を意味する日でした。そしてさらに2024年は＜浪費＞の年ですから、「結果は80％でよしとする」という「トキの理論」通りの結果になりました。これらは組織のトップである監督の「トキ」の働きによる結果だと思うのです。

トキと交通事故

　Column 9でトキについて触れました。このコラムでは交通事故を例に取って、もう少しトキについて考えてみましょう。

＜事故とトキのデータ＞

事故を起こしてしまった人：女性（内面：配慮型－外面：完璧型）

事故の日：2022年4月8日(金)　10：00頃

事故の日のトキ：年－浪費、4月－焦燥、8日－整理

事故現場：北海道西部・S字カーブやヘアピンカーブの続く舗装道路

被害：自車廃車、岸壁破損、全身打撲

損害額：4WDワゴン中古車　70万円廃車

岸壁修理代金・約15万円（地元自治体に保険から支払い）

治療費：整形外科受診2回分

　早朝の7：00頃、母親が早朝便に搭乗する長男を、新千歳空港へ見送った帰り道で起こった自損事故です。眠気は自覚していませんでしたが、はからずも事故現場の50〜60メートル手前で一瞬の居眠りをしてしまいました。その瞬間、クルマは時速50〜60キロのスピードで舗装道路を外れ、湖畔にある森の左側へと脱輪したのです。

　そして前方に流れる幅3〜4メートル、落差3メートルの川へ落下し、車体は左側へ傾きながら前方の岸壁に激突、衝撃でエアバッグが開いて車載荷物は全て前方へ飛来し、ラジエーターからは水蒸気の白煙が噴き出しました。母親は朦朧としながらシートベルトを外し、上着・鞄・スマホをやっとの思いで拾い集めたのち、助手席側から車外の冷たい川を這い出して岸壁をよじ登り、なんとか道路へ這い上がって倒れこみました。

　とにもかくにも警察、契約保険会社、そして夫に連絡をし、保険会社のロードサービスに依頼して事故車両を引き上げてもらい、そのまま廃車の引取手続きをし、その全てが完了した時刻は13：30ごろでした。

　帰宅後は、全身打撲でぐったりし、翌日から首・肩・腕・肋骨・脇腹・股

関節などあちこちが痛くてほとんど動けず、1週間経過してやっと病院へ行くことができました。しかし2回ほど通院しただけで、その後に実母の介護に出向く頻度が上がったため自分の通院時間が作れず、事故から半年が経過したあたりで保障期間は満了となりました。

　この事例からわかることは、以下の事実です。

・＜浪費＞のトキは疲れが出て集中力に欠ける
・思いもよらない出費がある
・病気や怪我をすれば長引く
・＜焦燥＞のトキは「当たる」象意で交通事故が多い
・＜整理＞のトキはクルマが廃車になりやすい

　また、年月が＜浪費＞で日が＜焦燥＞、年月が＜焦燥＞で日が＜浪費＞、年月が＜整理＞で日が＜浪費＞のトキの日には、クルマの運転は要注意です。
　＜焦燥＞がダブルやトリプルだと交通事故、怪我に注意しなければいけませんし、＜浪費＞がダブルやトリプルだと風邪をひきやすく疲れが取れません。そして集中力にも欠けるため、仕事のミスが起きても不思議ではありません。

　以上、このトキの事例は決して脅しではありません。個性學のトキの概念を知れば、不要なトラブルを避けられるということを伝えるためにご紹介したのです。
　私の研究所には、個性學を活用するメンバーから「先日やっちゃいました」と日々報告が届いています。もちろん、同じ日に同じトキを迎える人は無数にいますから、全ての人が事故を起こすわけではありません。しかし、少し注意するだけで事故が未然に防げるのです。個性學を学んでいない人は、不運なことがある際に、トキを見過ごしているだけなのです。

■＜焦燥＞のトリプルデーは過ごし方を十分に工夫
　けれども＜焦燥＞は悪いことばかりではありません。＜焦燥＞のトキでゴ

ルフのような技術力を必要とするスポーツをする場合、際立ったプレーができることがあるのです。

　三つ重なるトリプルデー（年・月・日）は、＜焦燥＞の年の＜焦燥＞の月であれば30日間に3回巡ってきます。ゴルフが大好きな内面が実益型のM社長（ハンディ2）は個性學でこのことを学ばれていますから、「一丁試してやろう」とトリプルデーにゴルフに行き、にわかには信じられない話ですが、一月に3回ともホールインワンを出しました。そして、ホールインワン保険金が3回出たからと、私にゴルフセットを一式プレゼントしてくれたのです。

　大抵の場合、誰もがこうしたラッキーを「たまたまのことだ」と片づけてしまいがちですが、トキの理論を理解してさえいれば納得できる話なのです。一方で、先ほどの事例と同様に、トリプルデーは大事故が起こる可能性もあるため、クルマの運転など十分に注意をしなければなりません。

　＜焦燥＞のトリプルデーは、トキの組み合わせで10年ごとに3度、または6度巡ってきますから、そのような日は過ごし方を十分に工夫して、安全な一日を送ってください。

　※＜焦燥＞だけでなく、各トキのトリプルデーも10年ごとに同じように巡ってきます。

■アスリートの怪我とトキ

　＜焦燥＞のトキでは怪我に注意することも必要です。

　アスリートが怪我をした日、それも1か月以上の離脱となるような大怪我には、＜焦燥＞が関係している場合が多いのです。

「年・月・日」のトリプル、「年・月／月・日／年・日」それぞれのダブル、そして「日」のトキは要注意です。

　アスリートを管理する組織は長年にわたってトキの統計を取り、チーム選手のマネジメントに大いに活用されるべきだと私は考えています。

おわりに

寝ても覚めても

　私は20代後半から今日まで約50年間、生年月日に魅せられてきました。

　1985年以降は寝ても覚めても「生年月日」の8桁の数字を追いかける日々を送っています。

　とにかくすごい！　すごいのだ！

　常識的な人は「そんなの占いでしょ？　バカな！」と一笑に付されるでしょう。しかし、個性學を学んだ人からは「先生、個性學を開発していただきありがとうございました」と感謝の言葉が日々送られてきます。

　朝起きて、テレビをつける、新聞を広げ、スマートフォンでニュースを読む。毎日多くの事件や出来事、話題の芸能人、スポーツのヒーローやヒロインが生まれています。

　そして私は、その中で気になる記事があると、主要人物の生年月日をすぐにチェックして、その人の個性を調べるのです。

　個性やトキがその事件、その話題、勝負の勝敗にどのように影響を及ぼしたのか……。それは、私だけではなく、スタッフも、個性學のお客様も同様に調べ、確認し、疑問があればすぐにスマホに質問が飛んで来たり、「すごーい、やっぱり個性學！」とLINEでスタンプが送られてきます。

　ときには、テレビの画面に映る有名人の顔から、生年月日を調べずに個性を当てることもあります。おかげで144種類のうち、内外面どちらかの12分類について、ほぼ個性を言い当てることができるようになっています。そして、内外面とも大当たりすることも少なくありません。

　驚くべきは、個性と風貌、色の白さ、目の大小、目じりの上下、額の広さ、顔のバランスなど、生年月日で決まっていることが多くあると感じています。

　このように私の日々は、寝ても覚めても「生年月日」なのです。

そんな私は「生年月日」に振り回されていると思われるでしょうか。そうではありません。生年月日で決まっている事実がある、それを確認し、何かに応用できるのではないかと考えているからです。それを、これでもかこれでもかと確認し、検証を重ねて精度を上げているのです。なぜなら、まだ知らない新しい性格、トキ、相性の考え方や切り口が見つかるかもしれないからです。

個性學の研究は、まだ始まったばかりです。これからも深遠なる人間の内面の探求は続き、新しい発見もどんどん出てくるでしょう。

社会で起きている問題の原因を明らかにしたいとき、人間のことで何か解決方法を提示してほしいときに、心理学、AI や ChatGPT を駆使したとしても、現在のレベルではまだ難しいと思われます。

その点、個性學であれば、人間がかかわっている事件について、天分・トキ・相性の３点から原因や理由を探求し、ヒントや解決策を提供することが可能だと考えられます。それこそが、私が生年月日と日々の事件のかかわりを検証し続けることの理由なのです。

最後に、かつて私は自分が主催した社長セミナーで「社長を辞めたい人はいますか？」と質問したことがあります。すると、誰ひとりとして手を挙げる社長はいませんでした。

社長業はやりがいがあり、一度やったら辞める気にはなりません。ですから、中小企業の社長の皆さんは、後から来る者たちを信じて、経営のバトンを渡してほしいと思います。

そして継承した新社長に、社長業でなければできない、味わえない魅力的な経験を沢山してもらってください。

そもそも、私たちが生きる上で「悩み」は尽きることがなく、社長としての「悩み」も尽きることがありません。「悩み」を「７８味（ナヤミ）」と書き換えると「78 の味」、それは「78 の人間味」と捉えることができます。

社長の悩みは全てにおいて、今より良くなるための悩みです。今まで味わうことのできなかった味を楽しみ、噛み締めた結果、あなた自身は人間的に

大きく成長します。言い換えれば、社長は悩みがあると、それを解決するために学び、実行します。そのことが社長としての器を大きく、厚く、深くして、魅力的な人間へと成長できるのです。そして、社長としての悩みも、ただ楽しめばいいと思えるようになります。

　社長としての人生は、この世に生まれた最高の使命であり、役割であると私は思っています。約50年間社長をやってきた私が言うのだから本当です。
　きっと、世の中のほとんどの社長さんも同様に感じておられるでしょう。そしてその社長さんたちが日本の未来を活気づけ、力ある明るい社会を拓く礎となるのです。
　以上、種々述べてきましたが、最後にお伝えしたいことは、「個性學の学びは人間を考える最高の知的な遊び」なので、個性學を心ゆくまで活用し、人生の解釈力を豊かにしていただければ、開発者として望外の喜びです。

石井憲正

＜参考図書＞

『個性を科学する』（1997年11月初版発行）
『天分経営（性格が経営する）』（2023年11月初版発行）
『新・性格が仕事をする』（2003年9月初版発行）
『個性學　虎の巻壱』（2022年4月初版発行）
『日本語の神秘』（2006年4月初版発行）
『子素立て親育ち』（2004年4月初版発行）
以上、石井憲正著　日本個性學研究所刊

『枠を超える発想』（石井憲正／致知出版社）
『天分を磨く』（石井憲正／産能大学出版部）

『人間　この未知なるもの』（アレキシス・カレル／三笠書房）
『破天荒！』（ケビン＆ジャッキー・フライバーグ／日経BP）
『日本電産　永守重信が社員に言い続けた仕事の勝ち方』（田村賢司／日経BP）
『［新装版］　奇跡の人材育成法』（永守重信／PHP研究所）
『志高く　孫正義正伝　新版』（井上篤夫／実業之日本社文庫）
『［新版］　孫の二乗の法則』（板垣英憲／PHP研究所）
『一勝九敗』（柳井正／新潮文庫）
『現実を視よ』（柳井正／PHP研究所）
『不格好経営―チームDeNAの挑戦』（南場智子／日本経済新聞出版社）
『プロフェッショナルマネジャー』（ハロルド・ジェニーン／プレジデント社）
『突き抜けろ　三木谷浩史と楽天、25年の軌跡』（三木谷浩史／幻冬舎）
『むずかしく考えるな　楽しくやれ―セコム飯田亮の直球直言』（飯田亮、宮本惇夫／日本実業出版社）
『日本人の脳―脳の働きと東西の文化』（角田忠信／大修館書店）
『日本語人の脳：理性・感性・情動、時間と大地の科学』（角田忠信／言叢社）

＜本書をお買い上げの読者の皆様へ＞

個性學の効果的な学び方については、以下の QR コードから紹介サイトをご覧ください。

また、同サイトにて、本書の読者ご本人様に加え、3 名様分の個性タイプを調べることができるサービスをご用意しました。こちらをご利用の上、ぜひ個性學についてご理解の一歩を踏み出していただけたらと思います。

［著者略歴］

石井 憲正（いしい・のりまさ）

株式会社日本個性學研究所 代表取締役。
1946年鳥取県生まれ。70年立命館大学経済学部卒業後、85年株式会社石井個性學研究所を設立し代表取締役に就任。89年個性學を創始し天分経営を提唱、その普及を始める。92年株式会社日本個性學研究所に名称変更。
自社セミナーの開催、および外部セミナーで講師として活動中。現在、全国で年間50回近く講演を続けている。
天分経営者倶楽部運営、書籍執筆多数。

....

こう けい しゃ
後継者

2024年2月11日　　初版発行

著　者　　　石井憲正

発行者　　　小早川幸一郎

発　行　　　**株式会社クロスメディア・パブリッシング**
　　　　　　〒151-0051 東京都渋谷区千駄ヶ谷4-20-3 東栄神宮外苑ビル
　　　　　　https://www.cm-publishing.co.jp
　　　　　　◎本の内容に関するお問い合わせ先：TEL（03）5413-3140／FAX（03）5413-3141

発　売　　　**株式会社インプレス**
　　　　　　〒101-0051 東京都千代田区神田神保町一丁目105番地
　　　　　　◎乱丁本・落丁本などのお問い合わせ先：FAX（03）6837-5023
　　　　　　service@impress.co.jp
　　　　　　※古書店で購入されたものについてはお取り替えできません

印刷・製本　　**株式会社シナノ**

©2024 Norimasa Ishii, Printed in Japan　　ISBN978-4-295-40866-6　　C2036